THE
Go Green
East Harlem
COOKBOOK

Edited by Manhattan Borough President Scott M. Stringer

JONES
BOOKS
Madison, Wisconsin

Jones Books, Inc.
309 N. Hillside Terrace
Madison, WI 53705
www.jonesbooks.com

First edition, first printing

The generous sponsors who made this book possible:

Cablevision
Renee Cafaro
Cemusa
Commerce Bank
Harlem Community Development Corporation (HCDC)
Greater New York Chapter, The Links Incorporated
MetroPlus Health Plan
Alan and Susan Patricof
Vornado and the East Harlem team
Upper Manhattan Empowerment Zone (UMEZ)

Cover photo by Ryan Thatcher
Book design by Janet Trembley

Library of Congress Cataloging-in-Publication Data

Stringer, Scott M.
   The go green East Harlem cookbook / by Scott Stringer. — 1st ed.
      p. cm.
   Includes bibliographical references and index.
   ISBN-13: 978-0-9790475-3-4 (alk. paper)
  1. Cookery, International. 2. Cookery—New York (State)—New York.
3. Ethnic restaurants—New York (State)—New York. 4. East Harlem
(New York, N.Y.) I. Title.
   TX725.A1S6785 2008
   641.59—dc22

                                                          2007044243

Printed in the U.S.A.

Table of Contents

Introduction by Manhattan Borough President Stringer
EAST HARLEM'S GIFT TO ITSELF

In the lunchbox I carried to P.S. 152 in Washington Heights there sometimes was a bologna and cheese sandwich with mustard, or maybe peanut butter and jelly on white bread. When an apple made an appearance, that qualified as a blue-ribbon nutrition day. I attended grade school in the late 1960s, and my lunchtime menu was no different than that of my classmates.

Today we may know a lot more about nutrition, but sticking to a healthier diet is one of those projects where being smart only takes you so far.

My experience, and I'm willing to bet it's yours too, is that eating habits top the list of things where talking the talk, and walking the walk, are definitely not the same. Healthy eating truly is easier said than done. This cookbook is aimed at helping all of us make a nutritious diet a part of our lives.

It's about tasty, healthy food AND about the East Harlem community, a place like no other. By celebrating not just East Harlem's food but also the neighborhood's people, we hope this book will attract attention and many will gain the benefits of the important health advice here.

Once you've decided to cook regularly, all that's left is to find a way to take the dishes that you and your family love—your family's comfort food, if you will—and discover healthier ways to prepare it. No doubt, you'll find some of your family favorites on these pages.

At first glance, you might not see East Harlem as the place for fresh thinking about healthy urban living. East Harlem has for too long been an afterthought for urban planners and a dumping ground for NIMBY problems, such as the bus depot plaguing the neighborhood. Residents of East Harlem are ten times more likely to have diabetes than their neighbors 40 blocks to the south on the Upper East Side.

Scott Stringer, Manhattan Borough President
Photo by Paola Paloscia

But it is a new day. If you need convincing, attend one of the monthly Thursday-morning meetings of the hundred-strong *Go Green East Harlem* steering committee. East Harlem and its leaders are determined to be ahead of, not behind, the environmental curve this time around.

When the call went out to the community for help with this cookbook, here's what happened:

Restaurant chefs and owners, caterers, farmers' market people, local residents, and leaders of community organizations—more than 40 separate contributors all told—came forward with recipes for healthy neighborhood delicacies. Integrative Nutrition, a nationally recognized, Manhattan-based school known for its cutting-edge approach to health and diet, volunteered its time and expertise to review the recipes. A group of International Center of Photography graduates, each of them a talented artist, volunteered their time and produced beautiful photographs that open a window onto the East Harlemites who shared the best recipes from their kitchen repertoires.

Dr. Adam Aponte, a director of North General Hospital, wrote for us about exercise, diet, and diabetes. Kysha Harris, foodie extraordinaire, contributed pearls of wisdom about setting up our kitchens. The Harlem Community Development Corporation made us a map.

The result is a cookbook of, by, and for the community.

Please enjoy this book, East Harlem's gift to itself. On the pages that follow you'll find dozens of recipes for healthy and delicious dishes, useful cooking tips, and photos that will have you hopping the Green Line (no coincidence there) to East Harlem.

Warm regards,

Acknowledgments

Too many cooks in the kitchen? Not when the project flies under the banner of *Go Green East Harlem*.

Go Green is all about neighborhood involvement, so it's no surprise that the list of people responsible for creating this book is a long one.

Go Green's steering committee (photo and committee list on the following page) is one hundred people strong, all of them individuals who live, work, or serve in East Harlem. Their support and contributions were invaluable, particularly the local outreach needed to identify recipe sources.

The dozens of photographs on these pages, many of jaw-dropping beauty, were created by a group of recent graduates from the International Center of Photography here in Manhattan: Lara Alcantara, Paula Ovadel, Paola Paloscia, Hyla Skopitz, Ryan Thatcher, Andre Watts, and Tom White. Each of these artists willingly volunteered their time and considerable talents and created images that tell East Harlem's story of food, community, and a neighborhood getting healthier.

Go Green steering committee member Thomas Lunke and Steven Mastin, both of the Harlem Community Development Corporation, created a map (page 134) that allows you to locate and, we hope, visit restaurants and other organizations that supplied recipes.

Kysha Harris, who runs the personal cooking service SCHOP!, helped us raise our kitchen IQ with tips for setting up the kitchen and deciding which cooking tools are must-haves and which are not.

Dr. Adam Aponte, another *Go Green* steering committee member, shared his expert's perspective on the scary twin problems of obesity and diabetes.

Without the patience, professionalism, skill, and steady guidance of Joan Strasbaugh and her team at Jones Books, this book would still be only an idea.

A special thanks to Integrative Nutrition, a Manhattan-based school recognized nationally for its comprehensive, cutting-edge thinking about healthy living and eating. They supplied a sophisticated approach to nutrition and an authoritative voice on healthy diet. Dana Lilienthal, a 2006 graduate, and Suzanne Boothby, the school's editorial coordinator, assembled the cooking tips accompanying recipes and the icons noting particular health benefits. Their critical eyes were essential for reviewing recipes.

The dozens of recipe contributors (photo, page 133) are the real stars of this show, and they deserve our thanks not only for supplying treasured recipes but also for sticking with a book publishing process that has demanded their ongoing involvement.

Finally, there's the tireless and resourceful team at the Manhattan Borough President's Office, a group that never could have imagined that they'd become cookbook editors and designers: Scott Schell, Rosemonde Pierre-Louis, Renee Cafaro, Maggi Peyton, Julia Howe, Greg Kirschenbaum, Laura Raposo, Susannah Vickers, Nicole Ferree, Shanifah Rieara, Sherri Taft-Leonce, Wendy Garcia, Alaina Colon, Jimmy Yan, Sascha Puritz, Kenneth Nemchin, Bruce Berkow, Joel Bhuiyan, and Cullen Barrie.

David Hurd
Michael Hurwitz
Hunter Johansson
Greg Kirschenbaum
Hope Knight
Gabrielle Langholtz
Wanda Latchman
Robin Lebaron
Brian Levinson
Lenny Librizzi
Miriam Falcon Lopez
Ray Lopez
Tom Lunke
Julia Lynch

Kathryn McGuire
Nilda Mesa
Angela Michie
Jill Nelson
Cuong Nguyen
Maritza Owens
Marina Ortiz
Prof. Neville Parker
Damiris Perez
Sandra Perez
Maggi Peyton
Rosemonde Pierre-Louis
Eric Pugatch
Sascha Puritz

Debbie Quinones
Karla Quintero
Andria Reyes
Shanifah Rieara
Johnny Rivera
Robert Rodriguez
Christina Salvi
Caroline Samponaro
George Sarkissian
Scott Schell
Megan Shane
Peggy Shepard
Debra Smallwood
Michelle Stent

Maura Sweeney
Dr. Anjali Talwalkar
Monica Tavares
Pablo Torres
Mali Trilla
Leon Tulton
Candy Vasquez
Carmen Vasquez
Melinda Velez
Susannah Vickers
Jimmy Yan

Photo by Paula Ovadel

Preface by Integrative Nutrition
HOW TO USE THIS BOOK

Throughout history we've eaten food essentially as nature produced it. People consumed whole and unprocessed vegetables, fruits, grains, beans, chicken, fish, and other animal foods.

Our eating habits are much different these days. Americans love processed foods like pastries, cookies, crackers, chips, and other foods that are far removed from their origins. Our ancestors would not recognize much of the food in today's supermarket.

Processed foods generally contain sweeteners, colors, flavors, and preservatives, and leave out or remove essential nutrients. Manufacturers add sugar to everything from ketchup to toothpaste. Supermarket shelves are filled with highly chemicalized foods, including soft drinks, packaged snacks, frozen dinners, boxed desserts, and condiments.

Cooking nourishes our bodies on many levels. Learning to cook for yourself and those you love changes everything. By cooking at home, you can control what goes into your body and get back to a simpler way of eating.

It's easier than you think. The recipes on these pages from East Harlem's best chefs will help us get started in changing our cooking habits. At the top of most recipes, Integrative Nutrition has added a health tip relevant to the particular dish and to your cooking, generally.

We've also created a set of four icons (dairy free, sugar free, vegetarian, whole grains) as a quick and easy resource guide for finding the foods here that best support your body. Integrative Nutrition reviewed each recipe and then decided which, if any, of the four nutritional endorsements should be represented.

Dairy Free

Cheese, milk, and butter are all dairy products, and they are not an essential part of the human diet. Many adults around the world are lactose intolerant, which means they lack the digestive enzymes necessary to digest dairy products. In addition, dairy is loaded with fat and cholesterol, which contribute to clogged arteries and heart disease.

Sugar Free

The average American now consumes more than 100 pounds of sugar and sweeteners per year. Sugar lacks vitamins, minerals, and fiber, which our bodies need to run. When you eat sugar, your body must deplete its own store of vitamins and minerals in order to absorb it. Sugar causes a roller-coaster effect on blood sugar levels with high levels that feel like a quick burst of energy and then super low levels that feel like a crash. This constant up and down of blood sugar levels can lead to diabetes and other related health problems.

Vegetarian

Vegetarian food is food prepared without animal meats, such as chicken, beef, or fish. Generally, foods without these animal products have smaller amounts of saturated fat and cholesterol. Not everyone can exist on a purely vegetarian diet, but most people can benefit from taking one, two, or more days a week to restrict meat in their diet. Alternative sources of protein can be found in beans, grains, and nuts.

Whole Grains

Whole grains have been a central element of the human diet since the dawn of civilization. Whole grains like brown rice, quinoa, oats, and breads made from whole grain flour give you a steady stream of energy that will last throughout the day. These grains are particularly important for those with diabetic or pre-diabetic conditions because they help control blood sugar in the body.

About Integrative Nutrition

Integrative Nutrition is the only school in the world integrating all of the different dietary theories—combining the knowledge of traditional philosophies like Ayurveda, macrobiotics, and Chinese medicine with modern concepts like the USDA pyramid, the glycemic index, The Zone, the South Beach Diet, and raw foods. The school teaches more than 100 different dietary theories and addresses the fundamental concepts, issues, and ethics of eating in a modern world.

Our mission is to play a crucial role in improving the health and happiness of Americans and through that process create a ripple effect that transforms the world. For more information, go to www.integrativenutrition.com.

APPETIZERS & SIDES

Quinoa (pronounced keen-wa) is a gluten-free grain native to South America. The protein in quinoa is considered to be a complete protein since it contains all eight essential amino acids. Quinoa can be used as a replacement for any grain and is great served cold in a salad.

QUINOA-BANANA MUFFINS
Children's Aid Society, Stefania Patinella

3/4 cup quinoa*
2 medium bananas, peeled and mashed
2 eggs
1/2 cup plain whole-milk yogurt
1/2 cup real maple syrup, honey, or sugar
1 teaspoon vanilla extract
1/2 cup pecans or walnuts, chopped
1/3 cup golden raisins
1/2 cup all-purpose flour (unbleached)
1/2 cup whole wheat flour
1/2 teaspoon baking soda
1 1/2 teaspoons baking powder
1/2 teaspoon ground cinnamon
pinch of salt

1. Rinse quinoa thoroughly. Put quinoa and 1 1/2 cups water in medium pot. Bring it to a boil over high heat, cover, and reduce the heat to low. Cook for 18–20 minutes. Remove from heat and let stand for 10 minutes, covered. Yields approximately 2 cups.

2. Preheat oven to 400° F. Butter and flour one 12-muffin pan.

3. In a large bowl combine the mashed bananas, eggs, yogurt, maple syrup, and vanilla extract. Mix to combine. Add 2 cups cooked quinoa, pecans, and golden raisins. Mix again and set aside.

4. In another bowl, whisk together the flour, whole wheat flour, baking soda, baking powder, cinnamon, and salt.

5. Add the flour mixture to the banana mixture and mix just until combined.

6. Fill each muffin tin with 1/3 cup of the batter.

7. Bake for 25–28 minutes or until golden brown. Remove from the oven and let muffins cool in the pan for 10 minutes. Release the muffins from the pan and allow them to cool on a wire rack.

YIELDS 12 MUFFINS

*Shop for quinoa in New York's many ethnic markets and health food stores. If you can't find quinoa, substitute 1 1/2-cups plain rolled oats for an equally delicious muffin.

Stefania Patinella, manager, Food & Nutrition Programs, Children's Aid Society
Photo by Ryan Thatcher

VEGAN MORNING MUFFINS
Jewel Aja Johnson

I invented this recipe while I was cleaning out my refrigerator and got hungry.

2 cups flour
1 cup instant oats
1 teaspoon cinnamon
1/2 teaspoon baking powder
1 teaspoon nutmeg
2 Gala apples cut into chunks
1 cup soy milk (vanilla flavored)
1/2 cup vegetable oil
1/2 of a lemon, juiced
1/2 cup granola (crunchy)

1. Mix flour and oats together with the cinnamon, powder, and nutmeg. Add the apples next. Mix in the soy milk, vegetable oil, and lemon juice. This will make a paste.

2. Fill the muffin molds with the paste and top with the crunchy granola.

3. Bake at 350° F for 25–30 minutes.

I make these at night and bake them in the morning for a nice warm breakfast.

YIELDS 12 MUFFINS

Jewel Aja Johnson
Photo by Ryan Thatcher

To add a nutritional boost to this recipe, use Omega-3 eggs. Omega-3 essential fatty acids may help reduce high blood pressure, decrease the risk of heart disease and stroke, and even combat depression.

TORTILLA DE PAPAS (Potato Omelet)
New York Academy of Medicine, Dr. Jo Ivey Boufford

5 eggs
2 teaspoons olive oil
1 large onion, diced
2 garlic cloves, minced
1 pepper (red, green, or jalapeño), diced
4–5 small red potatoes, sliced
salt and pepper

1. In a bowl, lightly scramble the eggs. Set aside.

2. In a 9-inch skillet, over medium heat, sauté onion, garlic, and pepper in a teaspoon of oil until softened. Remove from pan.

3. If the pan seems dry, add another teaspoon of oil. Sauté potato slices until cooked through but not browned. Turn the slices over occasionally.

4. Once the potatoes are cooked, add the onion and garlic back to the pan and gently combine. Spread the mixture evenly across the pan. Then, pour the eggs over the combined vegetables.

5. Reduce the heat to low and let the eggs cook (without touching them) until the top of the eggs seems set or no longer liquid.

6. Run a spatula around the edges of the tortilla to loosen it from the sides. The underside should be lightly browned—if not let it cook a little longer. Flip the omelet out onto a plate, then slide it back into the pan and lightly brown the other side.

7. When the second side is lightly browned, slide it out of the pan onto a serving plate and cut into wedges. Season with salt and pepper and serve.

Dr. Boufford serves this as a side dish with chicken for guests.

SERVES 4

Dr. Jo Ivey Boufford, president, New York Academy of Medicine
Photo by Andre Watts

Try replacing soy milk, rice milk, or any nut milk for the skim milk in this recipe. These milk alternatives come in regular and lowfat varieties. Try different flavors to add something new to your granola.

CRUNCHY CINNAMON GRANOLA
Shanikah Rieara

2 cups rolled oats
1 cup wheat flakes
1 cup wheat germ
1/4 cup unsalted sunflower seeds
1 tablespoon cinnamon
3/4 cup apple juice
1/2 cup prune juice
1 cup assorted dried fruit (such as raisins, apricots, dates, figs, or pears)
1 tablespoon honey
1/2 cup skim milk

1. In a large bowl, mix together all dry ingredients except for the dried fruit.

2. Put fruit juices in a saucepan, place over medium heat, and reduce by one third.

3. Add dried fruit to hot liquid and let cook, with heat off, for 1 minute.

4. Pour fruit and juice mixture over dry mixture. Add honey and skim milk, and toss to moisten oats.

5. Spray a sided cookie sheet with vegetable oil. Pour moistened oats onto cookie sheet and toast in a 325° F oven for 30 minutes or until evenly browned. Stir oats to keep them from burning.

6. Let cool and store in an airtight container. Grinding in a food processor produces a fine-textured cereal. Serve at breakfast with sliced fruit and a non-fat yogurt.

SERVES 12 (1/2-CUP SERVING)

Cutting a mango can be quite a challenge. Here are some steps to make it easier.

- Make sure you have a very sharp knife and pick a mango that is still firm.
- Cut along the flat sides of the mango so you will have two slices and the remaining mango and seed.
- Cut lengthwise and widthwise (making a grid) through the mango pulp down to the skin but do not cut through the skin.
- Cut out the mango cubes by cutting between the mango pulp and the skin.
- Cut the remaining mango pulp off of the seed and cut into small cubes.

MANGO CHUTNEY
Shanikah Rieara

1 large Spanish onion
1 large red bell pepper
2 medium ripe mangoes
1 teaspoon extra virgin olive oil
2 garlic cloves, minced
1 cinnamon stick
1 bay leaf
½ cup golden raisins
1 can diced tomatoes
1 tablespoon dried parsley
salt and pepper

1. Dice the onion, bell pepper, and mangoes.

2. In a nonstick pan add the olive oil, Spanish onion, bell pepper, garlic, cinnamon stick, bay leaf, and golden raisins. Sauté over medium heat until the vegetables are tender and the raisins plump up just a little.

3. Add can of tomatoes, dried parsley, and mangoes. Season with salt and pepper to taste and serve with grilled lamb, jerk chicken, or pork.

SERVES 10

PEACH-CORN SALSA
Greenmarket Farmers' Market

1 ear of corn
1 tomato, diced
1 small red onion, finely chopped
1 peach, diced
1 handful cilantro, chopped
1 garlic clove, minced
1 tablespoon olive oil
juice from a lemon or lime (optional)
salt to taste

1. Cut the corn kernels off the cob into a medium bowl and add the remaining ingredients. Mix. Devour with pleasure.

SERVES 4

Michael Hurwitz, director, Greenmarket, Council on the Environment of NYC
Photo by Ryan Thatcher

Edamame can be found shelled in the freezer section. A half cup of edamame provides about 8 grams of soy protein.

SWEET CORN SUCCOTASH
Greenmarket Farmers' Market

This Southern favorite is usually made with lima beans, but you can use edamame as a flavorful stand in. Flat beans add yet another texture and flavor to make a perfect summer dish.

1/2 pound fresh edamame or 1 1/2 cups
    cooked
1/4 pound fresh flat beans (Romano
    beans)
4 ears of corn
1 tablespoon butter
2 tablespoons olive oil
salt and pepper to taste
paprika to taste (optional)

1. Cook fresh edamame in 4 cups boiling salted water for 8 minutes or until tender. Cool slightly under cold water. Remove beans from pods. Set aside.

2. Slice flat beans into 1/2-inch pieces. Cook in boiling salted water for 5 minutes or until tender. Cool slightly under cold water. Set aside.

3. Cook corn on the cob in boiling salted water for 8 minutes. Cool slightly. Using a knife, remove kernels from the cob. Place in a medium-sized bowl and break up any large pieces.

4. Heat a large skillet to medium and add olive oil and butter. When hot, add corn and stir frequently to steam off excess water. Add edamame and flat beans. Remove from heat and season to taste.

5. The succotash will keep, covered in the refrigerator, for up to 2 days.

SERVES 4–6

You can substitute frozen corn in this recipe to save time or if corn is out of season.

SAUTÉED CORN AND ZUCCHINI
Greenmarket Farmers' Market

2 tablespoons olive oil or butter
1/2 cup chopped scallions
1 small garlic clove, finely chopped
2 cups of corn (about 4 ears)
2 medium zucchini, quartered lengthwise then cut crosswise into 1/4-inch thick pieces
1/2 teaspoon cayenne pepper
1/4 teaspoon salt
1/8 teaspoon black pepper
1/2 cup chopped fresh cilantro
1/2 cup grated cheese (optional)

1. Heat oil in a heavy skillet over moderate heat until hot but not smoking. Add scallions and cook until softened (about 3 minutes).

2. Add garlic and cook for 1 minute, stirring.

3. Add corn, zucchini, cayenne, salt, and pepper and cook until zucchini is tender (about 5 minutes).

4. Stir in cilantro and season with salt and pepper.

SERVES 4-6

Collard greens are a nutritional super-hero. Collards, which are in the same family as kale, have cancer-fighting and antioxidant properties. They are low in calories, high in fiber, and rich in beta carotene, vitamin C, and calcium.

COLLARD GREENS
Mo-Bay Uptown Restaurant & BBQ

1 1/2 pounds collard greens
1 tablespoon vegetable base
1 tablespoon butter
1 tablespoon brown sugar
2 cloves garlic, finely minced
1/2 teaspoon crushed red pepper
1 teaspoon smoke sauce
1/8 teaspoon ground white pepper
1/8 teaspoon salt

1. Remove and discard stems and center ribs of collard greens. Cut greens into 1-inch pieces.

2. Bring large stockpot of water to a boil and add greens, vegetable base, and butter. Cook for 30 minutes. Drain.

3. In large, nonstick skillet over medium-high heat, add garlic and crushed red pepper. Cook for 30 seconds.

4. Stir in greens, smoke sauce, white pepper, salt, and brown sugar. Cook, stirring frequently, until greens are tender.

SERVES 4-6

Sheron Barnes, owner, and Wenford "Patrick" Simpson, chef,
Mo-Bay Uptown Restaurant & BBQ
Photo by Ryan Thatcher

Folate in spinach may help protect against colon cancer and breast cancer, and is important for women who are or might become pregnant. To thaw frozen spinach you can use the microwave or leave it at room temperature. Before using, squeeze the spinach to remove the excess water.

SPINACH SPECIAL
Museum of the City of New York, Susan Henshaw Jones

3 garlic cloves
1/2 small yellow onion
1/4 cup olive oil
3 boxes whole leaf frozen spinach, defrosted and drained
2 eggs
salt and pepper
1/2 cup Parmesan cheese, grated

1. Peel and mince the garlic, and chop the onion.

2. Heat the olive oil in a medium skillet over medium heat until it is hot but not smoking. Add the onion and garlic and sauté until the onions are translucent and the garlic is golden, not brown.

3. Add the spinach and sauté. While the spinach is cooking, beat the eggs with salt and pepper.

4. Add the eggs and mix gently until the eggs have spread throughout the mixture. Once the egg is cooked, turn off the heat and add the Parmesan cheese, again mixing thoroughly. Add salt and pepper to taste.

SERVES 4

Variation
After you have cooked the onions and garlic, add 1/2 cup raw sliced porcini mushrooms and 1/4 cup dry white wine. Sauté until most of the wine evaporates. Then proceed with the recipe.

Turnip greens and mustard greens are the most bitter tasting of the dark leafy greens. When eating them alone, you may notice their bitter flavor, but when combined with other greens or beans, or when used in soups and stews, these greens add a nice mellow flavor.

QUICK SAUTÉED GREENS
Harvest Home Farmers' Market

2 pounds (about 4 cups) fresh collard
    greens, kale, turnip greens, and
    mustard greens
1 tablespoon olive or canola oil
3–4 cloves garlic, minced
1 bunch of scallions or 2 medium yellow
    or red onions
1/4 teaspoon salt
dash of crushed red pepper or hot
    sauce (optional)

1. Wash all the greens, remove stems, and cut into shreds. Heat oil in large skillet over medium heat until hot.

2. Add garlic, and scallions or onions, and cook until slightly wilted (1–2 minutes).

3. Add the greens, seasonings, and 2 tablespoons of water. Stir the ingredients well.

4. Cover the pan and cook the greens over low heat for 8–10 minutes. Collard greens may require an additional 2–3 minutes. Stir occasionally.

SERVES 8 (1 CUP EACH)

Helpful Information

- Slice greens into bite-size shreds by rolling several leaves together. Cut them into 1/4-inch strips with a sharp knife.

- Don't overcook your farmers' market greens! Fresh-picked greens are tender and cook quickly.

- Wash greens well under cold running water to remove sand and soil—then shake them dry.

- Try this dish with callaloo, dandelion greens, cabbage, or Chinese cabbage. They are delicious.

- Carrots and beets, cut into thin slices and sautéed with your greens, taste and look great.

There are many different Asian condiments to try with stir-fry dishes. Try Japanese shoyu, which is sweeter and less salty than Chinese soy sauce, or tamari, a wheat-free soy sauce.

VEGETABLE STIR-FRY
Community Board 11, Wanda Latchman

1 tablespoon olive oil
1 garlic clove, finely chopped
dash of lemon pepper
3 medium carrots, cut small
2 medium green peppers, sliced
3 stalks celery, cut small
1 medium onion, chopped
2 cups fresh broccoli
1 teaspoon soy sauce

1. Heat oil in a large wok. Add garlic and lemon pepper. Cook for 1 minute, stirring, until garlic turns golden.

2. Add carrots, green peppers, celery, onions, and 2 tablespoons of water.

3. Stir and cook for about 5 minutes. Add broccoli. Cook until tender (do not overcook).

4. Add soy sauce and serve.

SERVES 4-6

Wanda Latchman, Community Board 11
Photo by Hyla Skopitz

SUMMER SQUASH MEDLEY
Harvest Home Farmers' Market

5 small green zucchini squash (1 pound)

4 small yellow summer squash or yellow crookneck squash (1 pound)

4 small patty-pan squash (^{3}/4 pound)

1 tablespoon olive or canola oil

2 garlic cloves, minced

1 tablespoon fresh basil, cut into fine shreds

1 teaspoon fresh oregano, chopped

^{1}/4 teaspoon fresh marjoram, savory or mint, chopped

salt and pepper

1. Cut the green zucchini and the yellow squash crosswise into ^{1}/2-inch-thick round slices.

2. Cut the patty-pan squash into ^{1}/2-inch-thick slices. Cut slices again into small chunks.

3. Heat oil in a large skillet over medium heat until hot.

4. Add the garlic and sauté 1 minute until golden. Do not allow to brown.

5. Add all of the squash and cook, stirring occasionally. Cook until squash is tender when pierced with a fork (about 5–7 minutes).

6. Stir in the fresh herbs.

SERVES 6

Helpful Information

• Cook summer green and yellow squash with their skins on—it's delicious and more nutritious.

• Summer squash are great eaten raw with dips or cut into pieces in a salad.

• Cut green beans into thin slanted pieces and add to this recipe along with the squash.

Maritza Owens, Harvest Home Farmers' Market
Photo by Ryan Thatcher

Sweet potatoes contain more beta carotene than carrots, and beta carotene is associated with boosting the immune system.

SWEET POTATOLICIOUS
Metropolitan Hospital Center, Marion L. Bell

3 sweet potatoes or yams
3 large eggs, whites separated and yolks discarded
1/4 cup condensed milk
1/4 cup honey
3/4 tablespoon pure vanilla extract
1/4 tablespoon ground cinnamon
1/8 tablespoon ground nutmeg
1/2 can (7 ounces) chunky pineapple in natural juice
1/2 cup sugar-free cinnamon apple sauce
1/4 cup raisins
1/4 cup shredded coconut

1. Rinse and clean sweet potatoes or yams. Do not peel.

2. In a large uncovered pot, cover the potatoes with cold water, bring to a boil, and cook until a fork slides in easily, about 45 minutes. (Cutting potatoes in half or using two pots reduces cooking time.)

3. Drain potatoes and let cool until you can comfortably handle them. Gently pinching the tips of the potatoes, slip and slide off the skin, and place the pulp in a large mixing bowl. Mash until smooth, removing any stringy pieces.

4. Add 1/4 cup of the egg whites (reserving the rest), all the other liquid ingredients, and the powdered spices. Mix thoroughly. Add fruit and its juice, raisins, and coconut. Blend with a spatula.

5. Using an electric blender set at high, mix the reserved egg whites until they turn white, fluffy, and stiff.

6. Pour potato mixture into 9-by-9-inch casserole dish sprayed lightly with Pam. Using a spatula, fold and turn the beaten egg whites on top of the potato mixture but do not mix or blend. Over-mixing will stop the egg whites from rising in the oven.

7. Bake alone in the oven at 350° F for 45-50 minutes. Let cool on the stove top. Serve warm, as a side dish or for dessert.

SERVES 6–8

Marion L. Bell, first vice chair, Community Advisory Board, Metropolitan Hospital Center
Photo by Andre Watts

This dish also makes a nice topping for pasta or chicken.

ROSALINDA'S STEWED TOMATOES AND ZUCCHINI

New York City Department of Health & Mental Hygiene, Dr. Andrew Goodman

1/4 cup olive, canola, or vegetable oil
1 large onion, chopped
3 garlic cloves, chopped
4 zucchinis, sliced in 1/2-inch rounds
6 plum tomatoes, chopped
1/2 teaspoon dried oregano or dried basil
black pepper to taste

1. Heat oil in large saucepan over medium heat.

2. When oil is hot but not smoking add onion and garlic and cook over medium heat until onions are soft but not brown.

3. Add zucchini, tomato, dried oregano, or basil, and 1/4 cup water to the saucepan.

4. Cover saucepan and simmer at low heat for 45 minutes until zucchini is very soft.

5. Add black pepper to taste. (Skip the salt for a nice low-salt dish.)

SERVES 6

Dr. Andrew Goodman, associate commissioner,
New York City Department of Health & Mental Hygiene
Photo by Ryan Thatcher

Pine nuts come from inside pine cones and the process of removing them is what makes them so expensive. As a replacement, try walnuts, hazelnuts, peanuts, or sunflower seeds.

ROASTED PEPPERS
Rao's Restaurant

6 red bell peppers
1/2 cup fine-quality olive oil
3 tablespoons golden raisins
2 tablespoons pine nuts
1 teaspoon chopped Italian parsley
1/8 teaspoon minced garlic (optional)
salt and pepper to taste

1. Preheat broiler.

2. Broil the peppers, turning frequently, until skin has blackened on all sides. Remove from broiler and immediately put into a large brown paper bag. Seal tightly. Allow peppers to steam in the sealed bag for about 20 minutes or until cool enough to handle.

3. When peppers are cool, remove from bag. Remove the blackened skin, stems and seeds, and cut the peppers lengthwise into 1/4-inch-thick strips.

4. Let strips stand in a colander for at least 3 hours or until most of the moisture has drained off.

5. Combine peppers with oil, raisins, nuts, parsley, and, if using, garlic. Season to taste with salt and pepper and stir. Allow to marinate for at least 1 hour before serving at room temperature.

SERVES 10–12

Brie is a soft cheese that spreads easily on crackers or bread. Look for French brie and serve it at room temperature. If brie is not available, try Camembert, Explorateur, or Paglieta.

NEW YORK APPLE SALAD
Museum of the City of New York, Kathleen Benson

1 ripe mango, cubed
1 cup lowfat yogurt
2 slices raisin bread, cubed
1 tablespoon olive oil
3 green apples, peeled and cubed
1/2 pound brie, cubed

1. Stir mango into yogurt.

2. Sauté cubes of raisin bread in oil until crisp—a good way to use stale bread.

3. Combine apple, brie, and raisin bread croutons.

4. Top with yogurt dressing.

SERVES 6

Beets are an excellent source of folate, vitamin C, potassium, and fiber. Beet greens are also delicious and a good source of vitamins A and C, calcium, and iron. Ginger is a natural remedy for nausea or motion sickness. To make ginger tea, take a piece of ginger, place it in a tea ball, and pour hot water over it. Let it steep for 10 minutes and drink straight or sweeten with honey.

RAW BEET AND APPLE SLAW
Harvest Home Farmers' Market

1 teaspoon peeled fresh ginger
1 small cucumber
1 large apple (do not peel)
1 pound beets with greens attached
2 tablespoons vinegar
1/4 teaspoon salt
1/2 tablespoon ground black pepper
1/2 tablespoon olive oil

1. Grate fresh peeled ginger directly into a medium-sized bowl using the smallest holes of a cheese grater.

2. Peel cucumber and grate into bowl with the ginger.

3. Wash and then grate the apple into the same bowl.

4. Cut off the green tops of the beets from their roots.

5. Peel and grate the beet roots (about 3 cups grated) and add to the bowl with the ginger, apple, and cucumber. Mix well until the ginger is evenly distributed.

6. Roll together 3–4 washed beet leaves and stems, and chop them into fine shreds (about 3/4 cup). Stir into the mixing bowl as much of the chopped leaves as needed to add color to the dish.

7. Add vinegar, salt, and pepper to the bowl and mix well.

8. Add oil and stir to combine. Serve immediately or keep refrigerated.

SERVES 6 (1 CUP EACH)

Helpful Information

• Beets and apples are naturally sweet, so there's no added sugar.

• Try pears instead of apples for a different fruit flavor.

• Experiment—grate carrots, turnips, and other market-fresh vegetables.

• Enjoy beets raw, stir-fried, stewed, steamed, or in baked dishes.

• Don't throw away the leaves and stems. Beet greens can be steamed, sautéed, or added raw to salads.

To reduce fat in this dish use boneless, skinless chicken breast cut into strips (or buy chicken tenders) instead of wings, and use lowfat or fat-free yogurt.

SPICY CHICKEN WINGS WITH LOWFAT YOGURT DIPPING SAUCE
Shanikah Rieara

10 garlic cloves, roughly chopped
2/3 cup ginger root, peeled and roughly chopped
4 jalapeños, 3 with seeds and 1 without
4 teaspoons cumin, ground
5 tablespoons coriander seeds
1 habanero pepper, stem removed
1 cup lime juice, freshly squeezed
12–20 chicken wings (depending on size)
1/2 cup tomato paste
1/4 cup plain yogurt

1. Blend the first 7 ingredients in a blender until smooth. Toss with the wings and let marinate for 24 hours in the refrigerator.

2. When you are ready to bake the chicken, pre-heat the oven to 350° F and toss the chicken with the tomato paste and the yogurt.

3. Bake for 35 minutes.

SERVES 6-8

Yogurt Sauce
2 cups plain yogurt
2 tablespoons ground coriander
1 tablespoon cumin
1/4 cup cilantro, finely chopped
salt and pepper, as desired

1. Toss all the ingredients in a bowl. With a wire whisk, blend until incorporated. Season with salt and pepper.

Ceviche is raw fish that is marinated in lemon or lime juice with seasonings. The acidity of the juice "cooks" the fish. White fish such as sea bass, halibut, or snapper are most common, but you can use shrimp or scallops as well. Always use fresh fish when preparing ceviche.

CEVICHE TRONCONES
El Museo del Barrio, Julián Zugazagoitia

3/4 cup freshly squeezed lime juice

4 tablespoons cilantro (or parsley), finely chopped

2 tablespoons olive oil

8 cloves of garlic, finely chopped

1 red tomato, ripe, seeded, and finely diced

1 red onion, finely diced

2 or 3 jalapeño chili peppers, finely diced

1 pound sea bass fillet (or other fresh white fish)

1 avocado, in fine cubes

green olives (optional)

tortilla chips

1. In a metal or glass bowl mix half of the lime juice with all the cilantro, oil, garlic, tomato, onion, and jalapeño peppers.

2. Finely dice the sea bass into very small cubes and place in the bowl. Mix gently. Pour in the remainder of the lime juice so that it covers all of the fish.

3. Cover with plastic wrap and refrigerate for at least 2 hours. When the fish takes on an opaque color, it's been cooked by the juice.

Before Serving

4. Drain the excess juice. Add the avocados and olives and serve in a large bowl or individual cups. You can also serve the ceviche on top of lettuce leaves. Salt and pepper to individual taste. Eat with tortilla chips.

SERVES 6

Julián Zugazagoitia, director, El Museo del Barrio
Photo by Paola Paloscia

Borough President Stringer's
TOP TEN TAKEOUT TIPS

You won't find a recipe from me in these pages because, quite honestly, I couldn't tell you how to boil an egg. Instead, I thought I'd share my insights on a different staple of New York eating—one that I've got some real expertise at: ordering takeout.

As your Borough President, I keep a pretty hectic schedule. A typical day for me begins with breakfast on the way to the office (usually oatmeal and coffee), lunch in between meetings (green salad with grilled chicken and dressing on the side) and dinner after my last commitment for the evening (often sushi, except for when I'm in East Harlem and can't resist sitting down at Sabor Borinqueño for Jose's stuffed salmon). At least that's what I eat on my good days.

So, here are my Top Ten Takeout Tips, which I hope will help keep you and your family eating well—even when you don't have time to prepare a healthy meal in the kitchen.

10. Eat your veggies. Order vegetable soup when you think of it, especially in the winter months. It's a delicious and healthy way to take your hunger away.

9. Deep fryers are your enemy. News flash: fried food tastes good. But your body will be happier if you order the steamed, broiled, or grilled version instead.

8. Fish is your friend. Make fresh fish your "meat" portion at some meals. Even though I love lox and rye, it's grilled or broiled fish that is the best lower-fat alternative to beef and pork.

7. Hooked on salads. Get in the habit of ordering salads for your main course. For me, tossed salad is lunch a few times a week. Artichoke hearts, kidney beans, and egg whites top my list of favorite healthy ingredients.

6. That's dressing on the side, please. It's the only way to control how much you use.

5. Just say no to oversized portions. When it comes to eating, too much of a good thing is . . . well, too much of a good thing. Your mother's admonitions notwithstanding, there's no crime in failing to finish everything on your plate—or delivered by the takeout restaurant. Save the leftovers.

4. No shame in ordering off the light menu. Most Chinese restaurants offer a light menu of steamed or grilled meats and vegetables. Other restaurants are seeing the light (it's green) and following suit. Give it a try; you'll feel good in the morning.

3. Ask for the healthy stuff. Healthy is the most fashionable style in town. Ask the person taking your phone order which menu items are good for you. You'll likely learn something new.

2. Water, water everywhere. New York City's tap water is the best. Drink your eight glasses a day.

1. Start dialing. You won't find better takeout, or more food choices, anywhere in the world. And, it's all just a phone call away. Yet another thing I love about New York!

(Remember to order *Go Green* dishes from this book's contributing restaurants. See page 135.)

Scott Stringer, Manhattan Borough President
Photo by Ryan Thatcher

SOUPS & SALADS

SOPA DE GARBANZOS
Columbia Center for Children's Environmental Health,
Andria Reyes, M.A.

2 tablespoons olive oil
1/4 cup sofrito (see recipe below)
1 15-ounce can chickpeas
1/2 cup tomato sauce
1 cup squash, cut into small cubes
   (calabaza squash if available)
1 cup carrots, sliced
1/4 cup fresh cilantro leaves, shredded
salt

Sofrito
In a food processor or blender, purée the
   following:
1 white onion, peeled
1 green pepper, stemmed and seeded
10 garlic cloves
4 cilantro leaves
1/4 teaspoon dried oregano
1/4 teaspoon black pepper

Sofrito can keep in the refrigerator for
up to 2 weeks, or you can freeze it in ice
cube trays for future use.

1. Spread oil in thick-bottomed pot.

2. Over medium heat cook sofrito until
   sizzling and aromatic (about 3
   minutes).

3. Add whole can of chickpeas. Add
   tomato sauce, squash, carrots, and 1/2
   cup water. Sprinkle cilantro leaves on
   top. Add salt to taste.

4. Bring to a boil and simmer on low
   heat for 35–40 minutes or until
   vegetables are very soft.

Stew can be eaten alone or over white
rice.

SERVES 4

Andria Reyes, Columbia Center for Children's Environmental Health
Photo by Paula Ovadel

Lentils are full of folate, iron, fiber, and protein. They are relatively inexpensive, cook quickly, and make a great soup.

LENTIL SOUP
(V) Sandwich Bar

½ cup olive oil
1 large white onion, chopped
1 large garlic clove, quartered
1 pound lentils
3 tablespoons cumin
2 tablespoons chicken flavor
salt and pepper to taste

1. In a large pot, heat the oil until hot. Add the onion and garlic and cook until soft.

2. Add lentils, cumin, and chicken flavor to oil. Mix for 1 minute.

3. Add 5 cups of water to pot. Cook over low heat for 1 hour, 15 minutes.

4. Add salt and pepper to taste.

SERVES 8

GARDEN LENTILS
Hope Community Inc., Robin Lebaron

1 1/2 cups of French green or Puy lentils
   (avoid orange lentils)
1/4 teaspoon salt
1 bell pepper
2 medium carrots
1 small zucchini
3 scallions
1 handful parsley
1 orange
2 limes
2 tablespoons red wine (or red wine
   vinegar)
1/2 cup chopped walnuts

1. Wash and drain lentils, place in a large cooking pot, and cover with 4 cups of water. Bring to a boil.

2. Add salt, cover, and gently simmer for 20-30 minutes. Stir frequently and keep at a very low boil. Add water if necessary. Lentils are done when no longer crunchy but still have a firm texture. Do not overcook.

3. Finely dice all vegetables and fruits. Reserve one lime and a few parsley sprigs for garnish.

4. When lentils are finished cooking, drain and place in a large serving bowl. Add wine and juice of the second lime. Add walnuts, diced vegetables, and fruit. Mix thoroughly but carefully so as not to break the lentils.

5. Garnish with parsley and serve.

SERVES 4-6

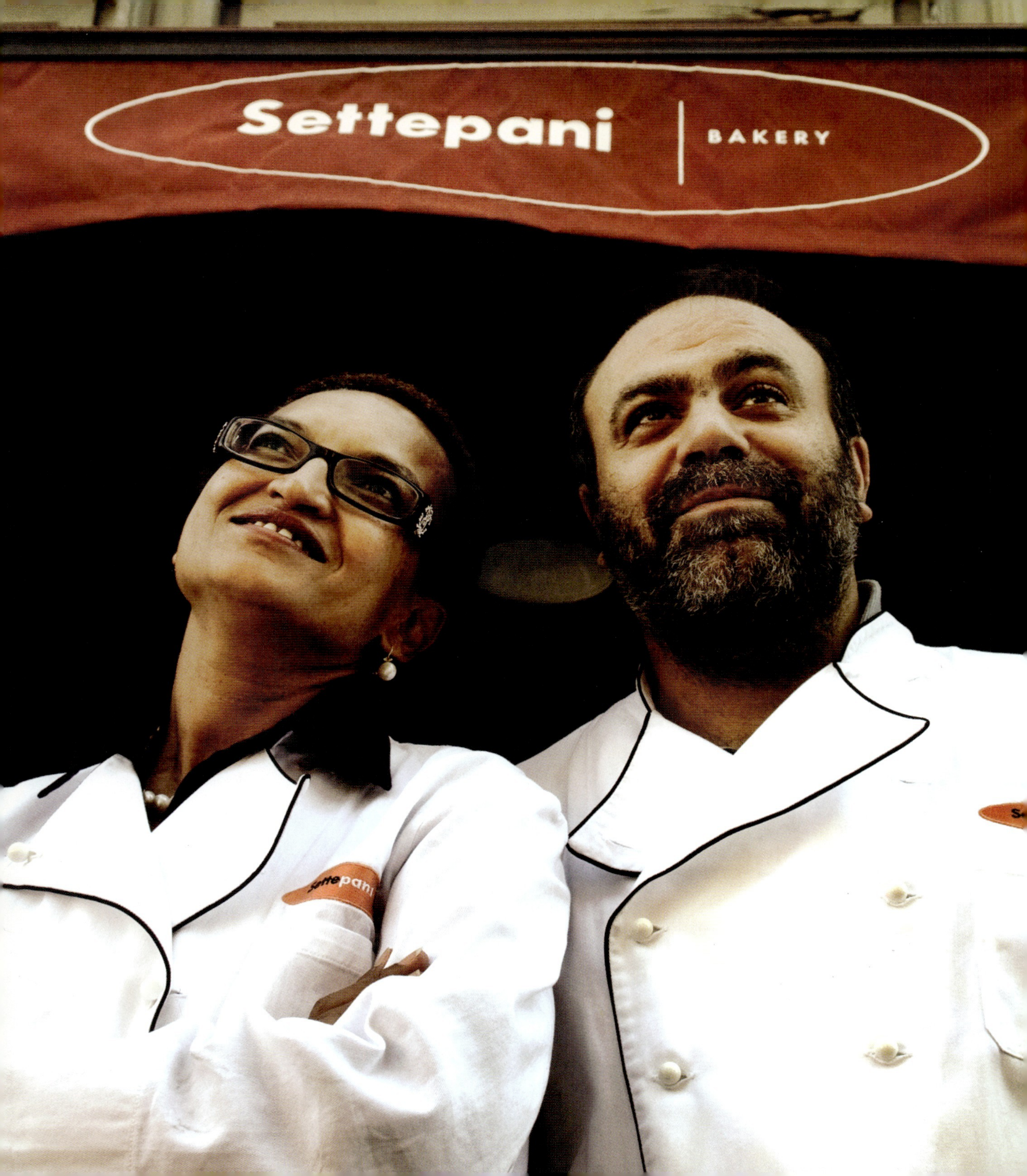
Settepani
BAKERY

If you are short on time, look for frozen artichokes, lima beans, and peas to help create this dish.

FRITTEDDA (Sicilian Fava Bean Stew)
Settepani Bakery

3 pounds artichokes
juice of 1 lemon
3 pounds fresh young fava beans (if not available use canned lima beans)
1 large onion
olive oil
1 ½ pounds peas
salt and pepper
wild fennel (if not available use a few branches of dill)

1. Clean artichokes, remove hard leaves, and slice thinly. Put slices in lemon juice. Clean fava beans.

2. Cut onion into paper thin slices and start sautéing with olive oil. Drain artichokes, dry them, and add to sautéing onions. Add fava beans. Cook 10 minutes. Add water as needed. Add peas.

3. When all vegetables have been added, cook at low heat for another 30 minutes. Stir frequently and add water if needed.

4. Season with salt and pepper to taste. Add dill/wild fennel. Mix well. Serve warm or cold. This can be served as an appetizer.

Frittedda can also be used as a sauce for pasta, in which case use a short pasta.

1. Cook pasta following instructions on the package.

2. Drain pasta. Add some frittedda in a sauté pan. Add pasta. Let it finish cooking for few minutes. Serve hot.

SERVES 8

Leah Abraham and Antonio "Nino" Settepani, owners, Settepani Bakery
Photo by Tom White

To peel an avocado cut it lengthwise around the pit, then rotate the halves in opposite directions. Use the tip of a spoon to remove the pit. You can use the spoon to remove the avocado meat or place the avocado skin side up and peel the skin off.

POBLANO CHILE AND BEAN SOUP
Children's Aid Society, Stefania Patinella

3 tablespoons olive oil or canola oil
1 large onion, finely sliced
2 carrots, peeled and medium diced
1 large potato, peeled and medium diced
1 poblano pepper, medium diced
2 garlic cloves, minced
1 cup diced tomatoes (fresh or canned)
1 ear corn, kernels shaved (or 1/2 cup frozen corn)
1 15-ounce can pinto beans or black beans, drained and rinsed
1 bunch fresh spinach or Swiss chard, rinsed and roughly chopped
salt and freshly ground black pepper, to taste
2 tablespoons fresh parsley, minced
1 avocado, medium diced
serve with baked tortilla chips (see next page)
2 limes, cut into wedges

1. Heat the oil in a medium pot over medium-high heat. Add the onions and a pinch of salt and cook until golden brown, about 8–10 minutes.

2. Add the carrots and potatoes and cook for 1 minute. Add the poblano peppers, garlic, tomatoes, and corn. Season with another pinch of salt, and cook 5 minutes more, stirring frequently to avoid sticking.

3. Add 4 cups of water and bring to a boil. Reduce the heat and cover. Simmer for 10 minutes.

4. Add the beans and spinach. Season with salt and pepper to taste. Simmer 5 minutes more. Turn off heat.

5. Ladle soup into bowls. Top with parsley, avocado pieces, baked tortilla chips, and a wedge of lime on the side.

SERVES 4-6

These chips are a great healthy snack. Try this with whole wheat flour tortillas and serve with guacamole.

BAKED TORTILLA CHIPS
Children's Aid Society, Stefania Patinella

These homemade chips are baked, not fried. They are tasty, crunchy and healthy too!

6 corn tortillas
3 tablespoons olive oil
sesame seeds and/or poppy seeds
paprika or chili powder (optional)
salt

1. Preheat oven to 400° F.

2. Brush tortillas with oil on both sides.

3. On one side, sprinkle seeds, paprika or chili powder, and salt to taste.

4. Cut the tortilla into 8 wedges, as you would a pizza pie.

5. Put the wedges on a baking sheet in a single layer, seed side up.

6. Bake for 12–15 minutes or until lightly brown and crispy.

YIELDS 48 TORTILLA CHIPS

ATAKILT WETT (Vegetable Stew)
Zoma Restaurant

1 pound red onion, chopped
1 cup olive oil
1 pound carrots, sliced
2 large heads of green cabbage, finely
   chopped
1 large potato, peeled and cut into
   1/2-inch slices
6 garlic cloves, diced
2 mild jalapeños, sliced
salt and pepper to taste

1. In a large pot sauté onions with 1 cup olive oil or vegetable oil until translucent. Add the carrots, cabbage, and potatoes in that order.

2. Add 2–3 cups of water, the cloves of garlic, and the mild jalapeños. Close the lid and let simmer for 30 minutes. Serve over flat wheat bread or brown rice. Season with salt and pepper.

SERVES 4

Henock Kejela, owner, Zoma Restaurant
Photo by Paola Paloscia

Gazpacho is a refreshing soup to have on hand on a hot summer day. Green or red peppers can be substituted for yellow peppers in this recipe.

COBE'S FLAGSTAFF GOLDEN GAZPACHO
Mt. Sinai Hospital, Dr. Burton Drayer

2 yellow bell peppers
1 cup chilled vegetable broth
1/2 cup lowfat sour cream
2 tablespoons lemon juice
2/3 cup seedless green grapes, rinsed and cut in half
2/3 cup cherry tomatoes cut into quarters
2/3 cup English cucumber, diced
1/4 cup coarsely chopped, salted, and roasted almonds
2 tablespoons fresh cilantro, minced
2 tablespoons fresh mint leaves, minced
salt
freshly ground pepper

1. Rinse, stem, seed, and coarsely chop bell peppers.

2. In a blender, combine peppers, broth, sour cream, and lemon juice. Blend until smooth. Cover and chill. (Can be made up to one day in advance.)

3. Ladle soup into wide bowls. Spoon equal portions of grapes, tomatoes, cucumber, almonds, cilantro, and mint into the center. Add salt and freshly ground pepper to taste.

SERVES 4

Dr. Burton Drayer, president, Mt. Sinai Hospital
Photo by Paola Paloscia

Lycopene, which has been shown to protect against cancer, is more highly available in cooked tomatoes. So enjoy tomato sauce and tomato juice!

TOMATO SOUP IN THE RAW
SCHOP!

4 medium ripe tomatoes
1 hothouse cucumber, seeded
2 celery stalks
1 medium red onion
1 red bell pepper, cored and seeded
2 garlic cloves, peeled and chopped
4 cups tomato juice
3 tablespoons red wine vinegar
1 tablespoon olive oil
salt

1. Chop half the tomato, cucumber, celery, onion, and pepper. Add the garlic, tomato juice, vinegar, and olive oil and purée in a blender or food processor until smooth.

2. Dice the remaining vegetables.

3. Add diced veggies to purée. Salt to taste. Serve chilled with sliced avocado or steamed shrimp.

SERVES 6

COOL SUMMER SOUP
Boma Coffee & Tea Co.

4 large tomatoes, chopped
2 cucumbers, peeled, and chopped
2 Cuban peppers, cored and chopped
4 red onions, chopped
1 1/2 teaspoons salt
1/2 teaspoon ground white pepper
4 tablespoons olive oil
3 garlic cloves, smashed
1 tablespoon parsley
juice of 1 lemon
1/2 cup lowfat sour cream
chive or green onion, finely chopped
1/2 cup red wine vinegar

1. Blend all ingredients and chill for at least 6 hours or overnight.

2. Serve in a bowl with spoonful of sour cream in center and sprinkle with chives.

SERVES 4–6

Glass noodles are not like traditional noodles. They are made from the starch of green mung beans, which is wheat free. These noodles are found in Asian grocery stores and may also be called bean thread vermicelli, bean threads, or cellophane noodles.

FISH AND WATERCRESS SOUP WITH GLASS NOODLES
Ginger

½ cup glass noodles
1 cup chicken stock
2 teaspoons thin soy sauce
½ pound fillet of a whitefish (turbot or cod), cut into 2–3 pieces
½ cup watercress
fresh cilantro

1. Soak glass noodles in hot water until soft. Drain and set aside.

2. In a wok over medium heat, bring chicken stock to a simmer, flavor with soy sauce, and add fish and watercress.

3. Cook until fish turns white and opaque, about 2–3 minutes depending on thickness of fish. With a wooden spoon, separate fish into small pieces while it is cooking.

4. Stir in glass noodles and cook another 30 seconds. Serve in a large bowl, garnish with cilantro.

SERVES 2

Wei Xiong Hu, executive chef, Ginger
Photo by Ryan Thatcher

SANCOCHO (Spanish Stew Soup)
116th Street Block Association, Sandra Vives-Ramos

2 yautia (root vegetable, native to
  Puerto Rico that is cooked and eaten
  like yams or potatoes)
1 large yucca
6 potatoes
2 ears of corn
1 green plantain
1 bunch of recao (a green leafy
  vegetable, also called culantro but not
  to be confused with cilantro)
cilantro
1 large yellow onion
1 bell pepper, stem removed and sliced
  lengthwise
1 1/2 pounds beef chunks (1 1/2-inch
  cubes)
4 green bananas
2 garlic cloves, minced
salt and pepper

1. Peel the yautia, yucca, and potatoes
   and cut into large chunks. Break or cut
   the ears of corn into pieces. Cut the
   plantain into thick slices. Chop the
   recao, cilantro, onions, and peppers.

2. In a large stew pot, add enough water
   to cover the cubed beef and bring
   water to a boil.

3 Add beef to boiling water and simmer
   for 15 minutes.

4. Mash or purée green bananas. Using a
   teaspoon, drop puréed bananas into
   pot of simmering beef.

5. Add all remaining ingredients and
   return to a boil, adding water if
   necessary. Simmer until all ingredients
   are tender and soft. Add salt and
   pepper to taste.

6. Serve with white rice and slice of
   avocado.

SERVES 6

Dried cranberries, also sometimes known as craisins, are a great alternative to raisins. Most dried cranberries, especially from large manufacturers, contain sugar and some may contain vegetable oil to prevent the cranberries from sticking, so check out your natural food stores, which tend to stock a more natural version. In addition to dried cranberries, dried cherries, currants, or blueberries make a nice addition to a salad.

TEA TIME SALAD
The Harlem Tea Room

2 pounds of fresh spring salad mix
1/4 cup dried cranberries
1/2 cup sliced cherry tomatoes
1/4 cup feta cheese, crumbled
1 cup raspberry vinaigrette salad
   dressing

1. Toss salad mix with cranberries, cherry tomatoes, and half the feta cheese.

2. Pour dressing over salad and mix with tongs. Make sure not to drench salad as dressing should serve as a light complement to salad.

3. Place in serving bowl and garnish with remaining feta cheese. Serve with warmed garlic bread slices.

SERVES 8

Patrice Clayton, proprietor, The Harlem Tea Room
Photo by Lara Alcantara

CREOLE SALAD WITH BITTERSWEET DRESSING
Creole Restaurant & Music Supper Club

mesclun wild organic greens
shaved carrots
red onions
grape tomatoes
1 teaspoon mayonnaise
2 lemons, juiced
1 teaspoon red wine vinegar
pinch fresh thyme
pinch dry basil
pinch dry oregano
pinch brown sugar
1 teaspoon olive oil

1. On a plate, place mesclun wild organic greens.

2. Sprinkle shaved carrots, red onions, and grape tomatoes on top of greens.

3. Top with bittersweet dressing: Combine mayonnaise, lemon juice, red wine vinegar, fresh thyme, dry basil, dry oregano, brown sugar, and olive oil in a medium bowl and mix.

SERVES 1

Kevin Walters, CEO, Creole Restaurant & Music Supper Club
Photo by Ryan Thatcher

Fennel is a vegetable with the texture of celery and the flavor of licorice or anise. It's an excellent source of vitamin C and fiber.

SICILIAN ORANGE SALAD
Settepani Bakery

1 medium red onion
sea salt
1 whole fennel bulb
4 oranges (regular or blood oranges)
15 black olives, pitted
mint leaves, sliced (save one whole leaf
    for garnish)
freshly ground black pepper
olive oil

1. Slice onion in rondelles and cover with salt. Let sit overnight. Wash them well the next day.

2. Wash fennel and slice in long slices. Remove skin from oranges and slice in rondelles.

3. Lay the slices of orange on a large plate. Top with fennel and onions. Place olives and mint leaves on top. Season with black pepper and olive oil. Mix.

4. Place in bowl, garnish with mint leaves and serve.

SERVES 6–8

Walnuts are highest of all nuts in polyunsaturated fats, which help reduce LDL cholesterol (known as bad cholesterol) and increase HDL cholesterol (known as good cholesterol).

SIMPLY CHERRY BALSAMIC FRUIT SALAD
DNST Services, Inc.

1 small watermelon
3 Granny Smith apples
1/2 pound figs
1/4 cup lemon infused olive oil
1/4 cup cherry or strawberry infused balsamic vinegar (any balsamic that is aged more than 8–10 years will do because of its sweetness)
1/2 pound yellow cherries
1 cup chopped walnuts

1. Cut watermelon into 1/2-inch cubes. Cut apples in half and remove cores. Then cut apples into 1/2-inch cubes. Cut the figs in half. Place in a large glass bowl.

2. Pour lemon infused oil over the apples. Toss together all.

3. Add the balsamic vinegar and toss again.

4. Chill in refrigerator for 20 minutes.

5. Toss in the cherries. Garnish with chopped walnuts and serve.

SERVES 8-10

Any bean would work for this recipe—try Great Northern beans, red kidney beans, or black beans.

EASY SUMMER WHITE SALAD
The Sandwich Shoppe

18 ounces (2 cans) cannellini (alubia) beans
1/2 red onion sliced thin, like moons
1 rib celery, diced
1 large garlic clove, minced
1/4 cup parsley, flat leaf, chopped
1/4 cup white wine vinegar
1/3 cup extra virgin olive oil
1/2 tablespoon Kosher salt
fresh ground black pepper, to taste

1. Drain and rinse beans. Combine beans with onion, celery, garlic, and parsley.

2. Add vinegar first, then olive oil. This is very important because the beans will not absorb the vinegar if you add the oil first.

3. Season to taste with salt and pepper. Cover and put in refrigerator to cool for 10 minutes. This will allow the flavors to develop.

SERVES 6

Nicholas "Bino" Rubino, owner, The Sandwich Shoppe
Photo by Lara Alcantara

Making your own dressing always beats pouring it out of a bottle. Vary this dish by replacing the ranch dressing with a homemade dressing of olive oil, balsamic vinegar, Dijon mustard, salt, and pepper.

PASTA SEAFOOD SALAD
North General Hospital, Dr. Samuel J. Daniel

1 1/2 pound box of spiral pasta (tri-color optional)
1 pound salad shrimp
1 teaspoon Old Bay seasoning
2 tablespoons butter
1 garlic clove, minced
1 pound cooked claw crab meat (imitation optional)
2 fresh tomatoes, diced
1/2 yellow pepper, diced
1/2 green pepper, diced
12–16 ounces lowfat ranch dressing
parsley flakes
salt and pepper (optional)

1. Cook pasta, drain, and run under cold water.

2. Season salad shrimp with Old Bay seasoning and sauté for 2-3 minutes in butter and fresh garlic until done.

3. Mix all ingredients including sautéed shrimp with butter and garlic in a large bowl.

4. Top with parsley flakes.

For best taste prepare the night before and serve chilled.

SERVES 8–10

Fresh seafood is naturally low in sodium. But for anyone on a restricted sodium diet, limit your intake of processed seafood that has been smoked or cured.

CODFISH SALAD
La Fonda Boricua

1 pound salted dry codfish
1 large sliced onion
1 large sliced green pepper
1 large sliced red pepper
1 tomato, chopped
1/4 cup olives
1/2 teaspoon black pepper
2 bay leaves
3/4 cup olive oil
pinch black pepper
2 large eggs, boiled and sliced

1. Leave codfish in cold water overnight or for a few hours before preparation.

2. Boil codfish at least one time, tasting for salt. If needed, change water and boil again until it is desalted enough for your taste.

3. With your hands, break the codfish apart. Let it chill for an hour in the refrigerator.

4. Mix onion, green pepper, red pepper, tomato, olives, black pepper, bay leaves, and 1/4 cup olive oil in a bowl until the onions and peppers soften and marinate.

5. Place the chilled codfish in another bowl. Add 1/2 cup olive oil and a pinch of black pepper.

6. Add the onion and pepper marinade on top of the codfish.

7. Place sliced boiled eggs on top for presentation.

SERVES 4–5

Jorge Ayala, co-owner, La Fonda Boricua
Photo by Ryan Thatcher

Shallots are a cousin to onions and contain sulfur compounds that help combat heart disease by thinning the blood and helping raise good cholesterol levels.

ZESTY SMOKED SALMON SALAD
Orbit East Harlem

12 ounces julienned smoked salmon
1/2 pound julienned romaine lettuce
1/2 cup caper vinaigrette (see below)
2 slices whole wheat or multigrain bread,
    toasted and cut in half like a triangle

1. Place the julienned smoked salmon and romaine lettuce in a small bowl. Dress with caper vinaigrette and serve over toast points.

SERVES 4

Caper Vinaigrette

1/4 cup drained capers
1 cup fresh lemon juice
1 lemon, zested
1 cup extra virgin olive oil
salt and pepper to taste
2 tablespoons minced shallots

1. Add all ingredients except the shallots in blender and mix 35 seconds. Turn off blender and stir in shallots.

Photo by Lara Alcantara

You can make substitutions for any of the salad greens in this recipe—experiment with watercress, endive, mesculin, Boston, or bibb lettuce.

GO GREEN SALAD
Melba's

4 boneless chicken breasts
salt and black pepper
mustard
2 ears fresh corn
2 tablespoons olive oil
1/2 small green bell pepper
1/2 small red bell pepper
1 small green onion
4 garlic cloves
1/4 head iceberg lettuce
8 leaves of romaine lettuce
4 ounces baby arugula
4 ounces baby spinach

1. Salt and pepper chicken. Then lightly spread both sides with mustard. Let it sit for 15 minutes.

2. Remove the kernels from the ears of corn and sauté in olive oil on low flame. Keep turning until cooked (about 7 minutes). Allow to cool.

3. Finely dice peppers and onions and then toss with cooled corn.

4. Press the garlic under a knife to flatten. Over a medium flame, sauté chicken on one side for 4 minutes. Lower flame and turn the chicken over. Add the flattened garlic to the pan and keep turning it, being careful not to burn it. Cook the second side of chicken until the pink has gone. After removing the chicken from the pan, mash the garlic in the pan and add about 1 tablespoon of water (or white wine if preferred) to de-glaze. Slice the chicken into strips and then toss it in the garlic.

5. Cut up the iceberg and romaine lettuce in shredded form. Toss together the arugula, and spinach.

6. On a plate place a bed of the mixed greens. In the middle of the bed of greens add a scoop of the corn, pepper, and onion mixture. Place the strips of chicken atop the corn and dress with your favorite dressing.

SERVES 4

Melba Wilson, owner, Melba's, Eric Misilagi and Michael Davis
Photo by Paola Paloscia

Raw broccoli is a great source of vitamin C. Broccoli stems and florets both have cancer-fighting properties, so be sure to use all parts of the broccoli when cooking.

PASTA CHICKEN SALAD
Hope Community, Inc., Carmen Vasquez

3 1/2 cups fusilli pasta
1 1/2 cups cubed cooked chicken
1 1/2 cups fresh broccoli tips
1 1/2 cups fresh cauliflower, chopped
3/4 cup sliced carrots
1/2 cup chopped white sweet onion
1 cup light creamy Italian salad dressing
2 cups fresh tomatoes, seeded and
    cubed
salt and pepper to taste

1. Cook pasta according to package directions.

2. Drain and rinse well with cold water. Allow to cool.

3. Combine all the ingredients except tomatoes and dressing, and toss. Add 1/2 cup of salad dressing and tomatoes and toss again. Cover and chill for 1 hour.

4. Add the remaining 1/2 cup of salad dressing. Salt and pepper to taste. Toss and serve.

SERVES 6

Robin Lebaron, executive director, and Carmen Vasquez, deputy director, Hope Community, Inc.
Photo by Lara Alcantara

A Note on Obesity, Exercise, and Diet
LISTEN TO YOUR DOCTOR

Dr. Adam Aponte, Medical Director, North General Diagnostic & Treatment Center

As a pediatrician, I'm particularly concerned about the rates of obesity among the children in East Harlem. Some parts of our community have more fast food restaurants than supermarkets or produce stands. A single meal of fast food often provides more than an entire day's worth of recommended calories—so imagine eating fast food two or three times in a day.

Diabetes goes hand-in-hand with obesity. At North General Hospital we have started seeing some seven-year-old children who weigh in excess of 150 pounds and are developing type II diabetes, a disease traditionally found only among adults. Sadly, even a diabetic who does everything possible to control his or her condition will have long-term health prospects that are very poor.

Exercise more. It is essential that all of us, regardless of our age, incorporate some form of regular physical activity into our daily routines. Aerobic exercise is best. The good news is that you can do this without joining an expensive health club: Walk to work. Take the stairs. Ride a bike. Jump rope. Roller blade. All of these are good ways to make physical activity part of your life. Exercise helps to strengthen your heart, as well as burn calories.

Take smaller portions; eat more fruit and vegetables; avoid junk food. In our society of excess, we are taught that more is better. Well, when it comes to nutrition, that's a recipe for disaster. If you're like most people, you probably consume too much fat, too many sweetened drinks and too few fruits and vegetables. By cutting back on fatty foods and sugary drinks, switching to lowfat milk, and limiting or eliminating junk food, you should reap considerable health benefits.

To control portion sizes, use smaller plates and eat individual servings rather than out of a large bag or box. A rule of thumb for a serving size for meat is about three ounces—the size of a deck of cards. Make sure to drink lots of water and, if you're still hungry after a meal, try a healthy snack of fresh fruit or vegetables. Try to get in the habit of eating when you're hungry, and avoid those unnecessary snacks when you're sitting in front of the TV.

I know, this is all easier said than done. But a combination of these recommendations will almost certainly set you on course to a healthier weight. If your weight remains a problem, talk to your doctor about a customized diet.

Dr. Adam Aponte, medical director, North General Diagnostic & Treatment Center
Photo by Paola Paloscia

ENTREES

Try whole wheat linguine with your clam sauce. Whole wheat pasta contains 4–7 grams of fiber and 7–10 grams of protein per 2-ounce dry serving. Look for pasta that is made with 100% whole wheat flour. Or try pasta made with brown rice, found in many natural food stores.

PATSY'S LINGUINE WITH CLAM SAUCE
Patsy's Pizzeria

2 tablespoons olive oil
pinch of salt
pinch of pepper
3–4 sliced garlic heads
12–14 fresh clams
1/2 cup chicken stock
1/2 cup white wine
2–3 dry bay leaves
12 ounces linguine, cooked

1. Heat pan with olive oil. Add salt, pepper, and sliced garlic and simmer until golden brown.

2. Add fresh clams and chicken stock along with white wine and bay leaves.

3. Let cook for 8–10 minutes and then add to cooked pasta.

SERVES 2–3

Photo by Paula Ovadel

Pepperoncini are known as sweet Italian peppers or golden Greek peppers. When mature, these peppers turn red and are very popular for pickling. They have a mild and sweet taste with a light heat to them. They are commonly found jarred.

LITTLENECK CLAMS À LA PIATTO D'ORO
Piatto d'Oro

1/4 cup olive oil
4 garlic cloves, sliced
3 dozen little neck clams, scrubbed
3/4 cup dry white wine
1 cup clam juice
2 plum tomatoes, squeezed
2 pieces red pepperoncini
1/4 cup fresh parsley
2 red bell peppers, shredded
salt and black pepper
1 pound linguine

1. Heat olive oil in a large, covered saucepan. Add sliced garlic and then add littleneck clams. Cover and sauté over medium heat until all the clams open.

2. After clams have opened, add white wine and clam juice. Stir.

3. Add the squeezed plum tomatoes, red pepperoncini, parsley, and red bell peppers. Stir again.

4. Add salt and pepper to taste and serve over pasta.

SERVES 4

Photo by Paola Paloscia

CRAB CAKES
Ricardo's Steak House

2 zucchinis
1 pound crab meat
1 tablespoon capers
1 cup mayonnaise
1/2 cup ketchup
1/2 tablespoon Tabasco sauce
1 tablespoon Worcestershire sauce
salt and pepper
3 cups bread crumbs
2 tablespoons vegetable oil

1. Peel the zucchini and save the skin. Discard the rest, chop the skin. In a bowl, mix all the ingredients except the bread crumbs, adding salt and pepper to taste.

2. Using a 2-inch wide by 1-inch deep round stainless steel mold create the crab cakes. Apply the bread crumbs to all sides of each crab cake to hold the ingredients in place.

3. Heat vegetable oil in a frying pan over medium heat. Cook crab cakes, flipping once, until brown.

4. Finish cooking in the oven for 5 minutes at 350° F.

5. Serve with arugula and cherry tomato salad and top crab cake with guacamole.

SERVES 6

Raphael Benavides and Edward Mateus, owners, Ricardo's Steak House
Photo by Hyla Skopitz

Cottage cheese or silken tofu, in the same amounts, can be used as a replacement for ricotta cheese.

SOULFUL STUFFED SOLE
One Fish Two Fish Restaurant

1 package frozen spinach or 1 bag fresh
    baby spinach, washed and chopped
1 cup ricotta cheese
1/2 cup lowfat shredded mozzarella
4 garlic cloves, peeled and chopped
1 teaspoon salt or salt substitute
1 teaspoon fresh black pepper
4 8-ounce sole fillets
1/2 cup dry white wine
4 teaspoons olive oil
1/2 bunch flat leaf parsley, finely chopped
1 lemon cut in 4 wedges

1. Defrost frozen chopped spinach and firmly squeeze out all excess water.

2. In large bowl mix the drained spinach, ricotta cheese, mozzarella, garlic, salt, and pepper until the mixture is firm, creating a spinach stuffing.

3. Lay fillets on cookie sheet lightly greased with olive oil.

4. Divide spinach stuffing mix into 4 sections and mold into balls.

5. Place stuffing on end of fillet closest to you. Roll fillet firmly but carefully in opposite direction until a roll is formed.

6. Lightly drizzle white wine and olive oil on top of rolled fillets. Bake in middle rack of oven at 375° F for 20 minutes until stuffing is hot inside.

7. Let stand for 5 minutes. Top with chopped parsley and garnish with fresh lemon wedges. Squeeze fresh lemon juice on top of stuffed sole and serve.

SERVES 4

Photo by Paola Paloscia

Ciabatta means "slipper" in Italian and is used to describe the shape of this loaf of bread. Ciabatta is a rustic bread with a heavy crust and can be used interchangeably with Italian or French bread.

FISH IN ACQUA PAZZA (Crazy Water)
Flash Inn

2 whole red snapper or striped bass,
  2 1/2 pounds each, gutted and cleaned
salt and freshly ground pepper
4 tablespoons olive oil
4 sprigs Italian parsley
1 sprig marjoram
1 fennel bulb, trimmed and thinly sliced
2 garlic cloves, sliced thin
1 teaspoon diced chili pepper
1 bulb spring onion
1/2 cup dry white wine
1 cup cherry tomatoes
4 slices ciabatta bread, toasted

1. Preheat oven to 375° F.

2. Rub each fish (inside and out) with salt, pepper, and 1 tablespoon olive oil.

3. Place fish in a large roasting pan with the parsley, marjoram, fennel, garlic, chili pepper, spring onion, and remaining olive oil. Roast in the oven for 10 minutes.

4. Add the white wine and cherry tomatoes and return to the oven for another 15 minutes.

5. Remove and set aside to rest for 5–10 minutes. Fillet the fish and transfer to a serving platter. Distribute the sauce over the fish fillets, place toasted bread on the side and serve.

SERVES 6

Joseph Grandchamps, bartender, Flash Inn
Photo by Tom White

Halibut or scrod can easily replace red snapper. Ask your fishmonger which is the freshest fish of the day and try to use that.

SALAMOURA
Three Guys Restaurant

1/2 cup olive oil
3 tablespoons lemon juice
1/2 teaspoon fresh oregano
salt and pepper
1 pound whole red snapper

1. To make the sauce, beat olive oil, lemon juice, fresh oregano, salt, pepper, and 2 tablespoons of water in a bowl until creamy.

2. Cut 3 slices across the fish close to the bone. Pour half of the sauce on the snapper and broil for 7 minutes, uncovered, in an aluminum pan.

3. Remove the snapper and flip it over. Scoop some sauce from the pan and pour on top. Broil for another 7 minutes uncovered.

4. Take out the fish and cover it with aluminum foil. Broil once more for 10–15 minutes. The amount of time depends on the size of the fish, but a good way to test for doneness is to put a fork through the fish to the bone. If the fork comes out easily, the fish is cooked.

5. Pour the reserved sauce on top of the snapper and serve.

SERVES 2

Kostas Athanasiou, owner, Three Guys Restaurant
Photo by Paola Paloscia

Save the seeds from the papaya to use as a seasoning. Place them in a pepper mill and use as a replacement for black pepper. Papaya seeds are also good for digestion.

STUFFED SALMON À LA TROPICAL
Sabor Borinqueño

8-ounce piece of salmon fillet
pinch salt
pinch black pepper
pinch fresh oregano flakes
1/2 cup mango, minced
1/2 cup pineapple, minced
1/2 cup papaya, minced

1. Take salmon fillet and make pocket with sharp paring knife.

2. Season the salmon with salt, pepper, and oregano.

3. Mix the fruit together and sauté in a saucepan for 1 minute over medium heat. Spoon the fruit medley into the pockets of the salmon fillets.

4. After stuffing salmon, bake in 450° F oven for 10–12 minutes.

5. Remove from oven and pour leftover juice from sauté pan over salmon. Garnish with minced fruit and serve.

SERVES 1

Jose Galarza and America Guadalupe, Sabor Borinqueño
Photo by Paola Paloscia

Serve this dish with wild rice and a steamed, green vegetable for a colorful meal.

SALMONE ACETO
Piatto d'Oro

8 tablespoons olive oil
4 6-ounce wild salmon fillets
1/2 cup clam juice
2 fresh lemons, squeezed
1/2 pound shiitake mushrooms, finely
   shredded
4 tablespoons red vinegar
1/4 Spanish onion, finely diced
2 cups dry white wine
salt and pepper
4 cups spinach, sautéed

1. Heat olive oil in a large pan. Add the salmon fillets. Cook for 5 minutes over high heat, turning once.

2. Reduce the heat to low and add clam juice, lemon juice, mushrooms, vinegar, onions, wine, salt, and pepper. Cover and simmer for another 5–10 minutes, until fish is cooked through.

3. Serve with sautéed spinach.

SERVES 4

SEVENTH HEAVEN SALMON
DNST Services, Inc.

1 package of multigrain or tri-colored pasta
3 tablespoons olive oil
1 teaspoon salt
1/2 teaspoon ground black pepper
3 teaspoons minced garlic
4–6 plum tomatoes, diced
4 4-ounce salmon fillets
1/2 cup chopped green pepper
1/2 cup chopped red pepper
1/2 cup chopped yellow pepper
1/4 cup chopped onion
3/4 cup whole corn
3/4 cup sweet peas
1 cup black beans, drained

1. Cook pasta according to package directions. Rinse with cold water to cool quickly. Drain well and set aside.

2. Preheat oven to 375° F. In a small bowl stir together olive oil, salt, pepper, minced garlic, and tomatoes. Set aside.

3. Lightly coat salmon fillets in olive oil and place in large baking pan. Bake in oven at 350° F for 15 minutes or until tender.

4. In a large bowl stir together the cooled pasta and all remaining ingredients. Pour olive oil and tomato mixture into the pasta and stir together. Add salmon and serve hot or cold.

SERVES 4

CAMARADAS VEGETARIAN MOFONGO
Camaradas el Barrio

1 green plantain
1 yucca
1 panapen (breadfruit)
1 teaspoon salt
4 whole garlic cloves, peeled
1 tablespoon olive oil
1/2 cup red peppers, chopped
1/2 cup Spanish onion, chopped
2 ounces garlic mojito
2 slices Swiss cheese

1. Peel plantain, yucca, and panapen. Cut into 1-inch slices. Soak for 15 minutes in salt and water. Drain well.

2. Heat transfat-free oil in a large skillet over medium heat until hot but not smoking. Add yucca, panapen, and plantain slices and fry for 15 minutes but do not brown. Drain on paper towel.

3. In a mortar (used for pounding), crush garlic cloves and sprinkle with salt. Add olive oil to the mixture and keep pounding until a pulpy mixture is formed. Remove from mortar to a small bowl and set aside.

4. In the mortar, now crush a portion of the fried plantains, yucca, and panapen slices. Add some of the garlic and olive oil mixture and keep pounding, until combined. This is mofongo.

5. Combine the mofongo and the peppers, onions, and garlic mojito in a hot pan. Cook until mojito has been completely absorbed. Place cheese on top of mixture until it melts.

6. Shape ingredients into a ball and place on a cookie sheet in a 325° F oven to keep warm until ready to serve.

7. Repeat steps 4, 5, and 6 until all ingredients are used.

Serving suggestion: Serve the mofongo in a wooden pilon (mortar). If you cannot find one, serve it nicely shaped on a plate with a side of mixed greens and garlic vinaigrette dressing.

SERVES 4

Joseph Brodsky, Camaradas el Barrio
Photo by Paola Paloscia

A half cup of cooked okra provides you with 2 grams of fiber. Half of that fiber is soluble, which helps reduce serum cholesterol, and the other half is insoluble, which helps keep your intestinal tract healthy. Okra also provides folic acid and vitamin B6.

OKRA GUMBO
Creole Restaurant & Music Supper Club

A family treat that is healthy and, if cooked properly, not visibly sticky, so enjoyable for young children.

1 cup brown rice
1 cup vegetable stock
1 handful of fresh okra
1 red pepper, stemmed and diced
1 green pepper, stemmed and diced
1/2 teaspoon cayenne pepper
1 clove of finely chopped fresh garlic
1 teaspoon garlic powder
1/2 teaspoon paprika
1 teaspoon chili powder
pinch of cumin
pinch of basil
3 pinches of parsley
pinch of oregano
1/2 teaspoon gumbo file

1. In a small pot, add water, brown rice, 1/4 cup vegetable stock, and bring to a boil. Simmer 40 minutes or until rice is soft.

2. Wash fresh okra and cut into 1/2-inch pieces. Place okra in a small pot of boiling water, cook for 30 seconds, remove and drain.

3. In a large skillet, add 1/8 cup of vegetable stock, cooked okra, green and red peppers, and cook over medium heat until mix becomes fragrant. Transfer to a small pot.

4. Add remaining vegetable stock to pot and bring to a boil. While stirring, add all spices except gumbo file.

5. Continuing to stir, cook until okra is golden brown, and then add gumbo file.

6. Cook for 10 minutes longer and serve on brown rice.

SERVES 4

The great thing about faux chicken is that it's, well . . . fake. It's made from soy so it's great for your body and does not actually require cooking,

CHICK'N DUMPLINGS
Jewel Aja Johnson

2 cups vegetable broth
2 stalks celery, chopped coarsely
1/2 onion, grated finely
1 large carrot, chopped coarsely
1 cup faux soy chicken
1/4 package ready-to-bake biscuit dough
1 tablespoon parsley
pinch salt
pinch pepper

1. I always simmer my broth first. It gives me lots of time to chop my vegetables. While you're chopping, remember to watch the pot because the stock can evaporate if it simmers too long. After your vegetables are chopped, add them to the pot, along with parsley, salt, and pepper.

2. Add the soy chicken to the pot and wait 10 minutes as it simmers and flavors mesh together. By now you'll be able to smell all the flavors.

3. Cut each separate biscuit into 4 pieces, roll each part into a ball, and drop them one by one into the pot, stirring after each addition. Simmer for 15 minutes longer until soup stew is done. If you like yours a bit heartier, add rice or silken tofu.

SERVES 4

Many store-bought dressings have added sugars and artificial ingredients. Make your own Italian dressing by combining 2 garlic cloves, minced, 1 teaspoon dried tarragon or marjoram, 1/2 teaspoon salt, 1/4 teaspoon black pepper, 1/2 cup olive oil, and 2 tablespoons red wine vinegar. Combine all ingredients in a jar and shake well. Double the recipe to have extra dressing for salads. You can also try different vinegars (balsamic or apple cider) to change the flavor of the dressing.

HONEY BAKED CHICKEN
Community Board 11, Robert Rodriguez and Edith J. Delerme

2 pounds of boneless chicken thighs
  (approximately 12 pieces)
1 cup red wine vinegar or juice of 4 limes
2 tablespoons garlic paste
1 tablespoon black pepper
1 tablespoon parsley
1 tablespoon dried oregano
1/2 cup light Italian dressing
1 cup honey

1. Clean chicken with red wine vinegar or lime juice and remove the skin.

2. Marinate chicken pieces overnight in a plastic bag with the following ingredients: garlic paste, pepper, parsley, oregano, and light Italian dressing.

3. Place the chicken on a cookie sheet or aluminum tray and bake at 350° F.

4. After 20 minutes, baste the chicken pieces with honey, using a spoon or brush. Baste also with the pan juices. Bake for another 5 minutes and turn the chicken.

5. Baste again with honey and pan juices. Cook for an addional 20 minutes until golden brown.

SERVES 4–6

Robert Rodriguez, chairman, Community Board 11, and Judy Rodriguez
Photo by Paola Paloscia

For the can of mushroom soup, substitute freshly chopped mushrooms sautéed in olive oil; what you lose in creaminess, you'll make back in the health benefits of going dairy free. And for the *Goya Sazon,* try your hand at a homemade mixture of chili powder, herbs, and spices.

CREAM OF FRUITED CHICKEN
Wagner Tenants' Association, Katie Harris

6–8 pieces of chicken
onion and garlic powder
Goya Sazón
1 can cream of mushroom soup
1 pound seedless green grapes

1. Wash chicken and season lightly with onion and garlic powder. Sprinkle *Sazón* over each piece. Place chicken pieces skin side up and close together in a baking dish.

2. Spoon undiluted cream of mushroom soup over chicken (about 1 teaspoon per piece). Cover and bake at 350° F for 35 minutes.

3. Spoon remaining mushroom soup plus the washed seedless grapes evenly over the chicken. Re-cover and bake for 15 minutes.

4. When grapes are steamed and bubbling in sauce, uncover and let stand on top of oven to thicken for 10 minutes.

5. Serve with noodles, steamed broccoli, and glazed baby carrots.

SERVES 4–6

Katie Harris, president, Wagner Tenants' Association
Photo by Andre Watts

To save a step in this recipe, use chicken already cut in quarters or eighths. Save on fat and calories by removing the skin before eating.

RAO'S FAMOUS LEMON CHICKEN
Rao's Restaurant

2 broiling chickens (between 2 1/2–3 pounds)
Lemon Sauce (see below)
1/4 cup chopped Italian parsley

1. To attain maximum heat, preheat broiler at least 15 minutes before using.

2. Broil chicken halves, turning once, for about 30 minutes or until skin is golden-brown and juices run clear when bird is pierced with fork.

3. Remove chicken from broiler, leaving broiler on. Using a very sharp knife, cut each half into 6 pieces (leg, thigh, wing, 3 small breast pieces).

4. Place chicken on baking sheet with sides, a size that can fit into the broiler. Pour Lemon Sauce over chicken and toss to coat well. If necessary, divide sauce in half and cook in 2 batches.

5. Return to broiler and broil for 3 minutes. Turn each piece and broil for an additional minute.

6. Remove from broiler and portion chicken onto 6 warm serving plates.

7. Pour sauce from heavy baking sheet into heavy saucepan. Stir in parsley and place over high heat for 1 minute. Pour an equal amount of sauce over each chicken piece and serve with lots of crusty bread to absorb the sauce.

SERVES 6

Lemon Sauce

2 cups fresh lemon juice
1 cup olive oil
1 tablespoon red wine vinegar
1 1/2 teaspoons minced garlic
1/2 teaspoon dried oregano
salt and pepper to taste

1. Whisk together all ingredients in a mixing bowl. Cover and refrigerate until ready to use. Whisk or shake vigorously before using.

Mole is a rich, dark sauce usually served with poultry. It's a blend of onion, garlic, chilies, ground sesame or pumpkin seeds and a small amount of chocolate. Research suggests that small amounts of dark chocolate can have health benefits, such as lowering cholesterol and lowering blood pressure.

BROILED MOLE CHICKEN WITH PEPPER AND ONIONS
New York City Department of Health & Mental Hygiene, Dr. Andrew Goodman

1 1/2 cups of mole sauce

1 1/2 pounds skinless boneless chicken breasts or thighs, cut into 2 1/2-inch cubes

1 red bell pepper, cut lengthwise into 1/2-inch-wide strips

1 green pepper, cut lengthwise into 1/2-inch-wide strips

1 medium red onion, cut into 1/2-inch-wide strips

1 jalapeño pepper, chopped

Accompaniment: toasted pita bread or tortillas and rice

1. Preheat broiler. Line a large shallow baking pan with foil.

2. Stir together mole with chicken and vegetables in a large bowl.

3. Arrange in baking pan without crowding and broil 4–6 inches from heat, stirring once or twice, until chicken is just cooked through and vegetables are lightly charred, about 8–10 minutes.

SERVES 4

GRILLED ASIAN CHICKEN BREAST
James Garcia

3 garlic cloves, minced
2 tablespoons fish sauce
2 tablespoons molasses
2 tablespoons lemon juice
1 tablespoon dark sesame oil
1 teaspoon coarsely ground black
  pepper
1/2–1 teaspoon red pepper flakes
4 4-ounce boneless skinless chicken
  breasts

1. Heat grill. Place all the ingredients except the chicken in a shallow glass baking dish and stir together.

2. Across the chicken breasts and lengthwise make shallow slits with a sharp knife, forming a diamond pattern.

3. Marinate chicken 10–15 minutes and rub marinade into the slits.

4. Grill chicken for 8–10 minutes, turning once.

SERVES 4

James Garcia, Seneca Terrace condominiums
Photo by Andre Watts

Veal is a lean meat and a good source of protein. For the veal, you can also substitute white meat turkey, chicken, lean cuts of beef, or lowfat sausage.

HERB VEAL AND PEPPERS
Community Board 11, Debbie R. Quinones

3 medium green peppers, cut into strips
1 medium red pepper, cut into strips
3 tablespoons olive oil
1 pound boneless veal cut into 1/2-inch
   cubes
1/2 cup flour
1/4 pound mushrooms, sliced
1 cup canned tomatoes, drained and
   broken up with a fork
1 garlic clove, crushed
1/2 teaspoon dried basil
1/4 teaspoon dried oregano
1/4 teaspoon black pepper

1. In a large skillet over medium heat, sauté peppers in 2 tablespoons of olive oil until soft and brown spots develop. Remove peppers from the pan and set aside.

2. Dust veal cubes with flour. In the same pan, add 1 tablespoon of olive oil and brown veal cubes.

3. Add mushrooms. Reduce heat and cook about 10 minutes. Return sautéed peppers to the pan and gently stir to combine.

4. Place veal mixture in baking dish. Add tomatoes, garlic, and seasoning. Cover and bake for 1 hour at 325° F.

SERVES 3–4

SUGAR
FREE

Dietitian's tip: Instead of egg noodles, serve this beef stroganoff over rice pilaf—a Middle Eastern dish of sautéed rice or other grains, seasonings, and various vegetables.

BEEF STROGANOFF
Seattle Cafe

1/2 cup chopped onion
1/2 pound boneless beef round steak, all fat removed, cut into 1-inch cubes
4 cups uncooked yolkless egg noodles
1/2 can fat-free cream of mushroom soup (undiluted)
1 tablespoon all-purpose flour
1/2 teaspoon paprika
1/2 cup fat-free sour cream

1. In a nonstick frying pan, sauté the onions over medium heat until translucent, about 5 minutes. Add beef cubes and continue to cook for another 5 minutes or until beef is tender and browned throughout. Drain well and set aside.

2. Fill large pot 3/4 full with water and bring to a boil. Add noodles and cook according to package directions. Drain pasta thoroughly.

3. In a saucepan, whisk together soup, 1/2 cup of water, and flour. Cook over medium heat, stirring frequently, until sauce thickens, about 5 minutes.

4. Add soup mixture and paprika to the beef in the frying pan. Over medium heat, stir mixture until warmed through. Remove from heat and add sour cream. Stir until combined.

5. Divide pasta among 4 plates, top with beef mixture, and serve immediately.

SERVES 4

PREPPING YOUR KITCHEN
With SCHOP!'s Kysha Harris

Step one, kitchen inventory.

Pantry
- Pull out all your pantry items: spices, canned goods, oils, condiments, dry goods.
- Take note of what you have.
- Dispose of expired items.
- Organize items to your liking, leaving space for new purchases.
- Make a list of all the "holes" in your pantry arsenal.

Refrigerator / Freezer
- Start with your freezer; remove all items to your sink.
- Take note of what you have.
- Discard old items.
- Repeat above steps with your fridge, paying close attention to those condiments.

Tools
- Pull out all of your cookware and utensils—that includes foil, plastic wrap, and food storage containers.
- Take note of everything.
- Discard broken items, scraped nonstick pans and pots, plastic non-heat-resistant utensils, non-functioning appliances.
- Return all remaining items to a spot that works for you and fits the flow you want in your kitchen.

Stock the basics.

By keeping these basic ingredients and kitchen items on hand, you'll be prepared to make most recipes and dishes.

Pantry
- Oils: *olive* for flavor; *vegetable* for frying and higher temperature cooking; and a selection of specialty oils: *peanut*, *sesame*, *safflower* (should be kept in the fridge).
- Spices: Kosher salt, black peppercorns, dried herbs (rosemary, thyme, oregano, basil), garlic

Kysha Harris
Photo by Lara Alcantara

powder, crushed red pepper, bullion, and a few special spices of your choice—for example, curry, chili powder, or cumin.
- Canned goods: whole tomatoes, beans, tuna, salmon.
- Other items: rice, pasta, grains, vinegar, garlic, potatoes, and onions.
- Household: aluminum foil, plastic wrap, storage/freezer bags in multiple sizes.

Refrigerator
- Condiments: ketchup, mayonnaise, mustard, jam, and chutney.
- Dairy and perishables: milk, yogurt, sour cream, and eggs.

Freezer
- Frozen veggies: spinach, peas, and broccoli—to use when you don't have fresh vegetables.
- Meat: seasoned, individually wrapped, and labeled with a date.
- Sliced bread: in one of your freezer bags.
- Homemade prepared food: Cook once, eat twice. By doubling or tripling the recipe ingredients in this book, you'll have home-cooked food to enjoy through the week—casseroles, soups, and stews are perfect.

The essential kitchen tools.

Chef's Knife. You need a good 6-inch to 10-inch chef's knife. A block set should have at least a chef's knife, paring knife, sharpening tool, and serrated bread knife—plus extra slots to add knives you may buy.

Cutting board. Measure your prep area/countertop and get the largest board for that area. Wood or plastic. Supplement with inexpensive, flexible plastic cutting mats, for easy clean-up and transfer of chopped items to a bowl or pot.

Pots and pans. If you buy quality pots and pans now, you'll have them for a lifetime. Buy a starter set and supplement as needed. Include at least one non-stick pan. You will also need a sheet pan and a lasagna/casserole rectangular baking dish.

Other basics. At least one 12-inch wooden spoon, whisk, spatula, silicon spatula (for mixing), set of 3 mixing bowls, can/bottle opener, measuring cup(s) and spoons, vegetable peeler, box grater, hand juicer, a potato masher, and tongs.

Kysha Harris is owner and operator of the personal cooking service SCHOP! (www.ischop.com). Kysha also writes a weekly food column for the Amsterdam News.

DESSERTS

LIMBEL DE EL CARIBE
Community Board 11, Debbie R. Quinones

1 cup water
1/2 cup tamarind extract
1 cup Magnolia sweetened condensed
  milk (lowfat)
1 teaspoon vanilla extract
1/2 teaspoon ground cinnamon

1. Place all ingredients in blender and combine.

2. Pour into ice cube trays (or small plastic cups). Place in freezer.

3. Serve when frozen.

Use other tropical flavors such as guanabana, pina (pineapple), and coco (coconut), or simply become creative with flavors of your choice.

SERVES 8–12

Debbie R. Quinones, vice chair, Community Board 11, and her mother, Olga Quinones
Photo by Ryan Thatcher

Rome apples and bosc pears also make a delicious baked fruit dessert. Add a little vanilla or soy ice cream to top off this sweet treat.

BAKED STUFFED APPLES
Savoy Bakery

6 Gala apples
3 slices whole grain bread, toasted
4 tablespoons mixed nuts and pumpkin seeds if desired
4 tablespoons raisins
1 teaspoon cinnamon
$1/2$ teaspoon nutmeg
3 tablespoons softened butter
2 tablespoons brown caster sugar
2 tablespoons amaretto or bourbon (optional)

1. Wash and core apples. Leave whole and bottom intact to hold the filling.

2. In a food processor, place bread, nuts, seeds, raisins, $1/2$ teaspoon of cinnamon, nutmeg, 2 tablespoons butter, 1 tablespoon brown sugar, and liquor. Chop coarsely.

3. Fill apple centers with stuffing.

4. Brush outside of apples with remaining softened butter.

5. Sprinkle remaining sugar and cinnamon on top.

6. Place apples on baking tray and cover with foil.

7. Place in preheated oven at 375° F for 35 minutes.

8. After 35 minutes, take foil off and continue baking at 350° F for another 15–20 minutes until apples are soft.

9. Serve warm with vanilla ice cream.

SERVES 6

Photo by Ryan Thatcher

GINGERBREAD WITH APRICOT SAUCE
John S. Roberts Middle School 45 Environmental Club

1 1/3 cups unbleached all-purpose flour
1 cup whole wheat flour
1/4 cup organic brown or white sugar
1 cup molasses
3/4 cup hot water
1/2 cup Smart Balance Regular or
     Organic Spread
1 egg
1 teaspoon baking soda
1 teaspoon ground ginger
1 teaspoon ground cinnamon
3/4 teaspoon salt

1. Heat oven to 325° F. Grease and flour a 9-inch square baking pan with 2-inch sides.

2. Using an electric mixer on low speed, beat all the ingredients in a large bowl for 30 seconds, scraping bowl continuously. Set mixer at medium and beat for an additonal 3 minutes. Pour into pan.

3. Bake until toothpick inserted into center comes out clean, about 50 minutes. Cut warm gingerbread into squares. Serve with apricot sauce and a spoonful of non-fat plain yogurt, frozen soy dessert, or non-fat whipped topping.

MAKES 16 GINGERBREAD SQUARES

Apricot Sauce
1 lemon
1 cup apricot fruit spread, sugar-free

1. Grate the yellow part of the lemon peel (the zest) and then juice the lemon.

2. Mix the apricot spread, 1 tablespoon grated lemon zest, and 2 tablespoons lemon juice.

Lynn Tiede, supervising teacher, and the M.S. 45 Environmental Club
Photo by Ryan Thatcher

VEGETARIAN

ALMOND BISCOTTI
Rao's Restaurant

2 1/2 cups sifted all-purpose flour
1 tablespoon baking powder
1/2 teaspoon salt
1/4 teaspoon ground mace
4 tablespoons unsalted butter, at room
   temperature
3/4 cup sugar
1/2 teaspoon freshly grated lemon zest
1 teaspoon pure vanilla extract
1/2 teaspoon almond extract
2 large eggs
1 cup coarsely chopped, toasted
   blanched almonds

1. Preheat oven to 375° F.

2. Cover large cookie sheet with
   parchment paper or aluminum foil. Set
   aside.

3. In a medium bowl, sift together flour,
   baking powder, salt, and mace. Set
   aside.

4. Using an electric mixer, beat butter
   until light and creamy. Add sugar and
   continue beating until light and fluffy.
   Beat in lemon zest, vanilla, and
   almond extract. Add eggs, one at a
   time, beating to incorporate.

5. Stir in flour mixture and almonds until
   well blended. If necessary, knead by
   hand to make a smooth dough.

6. Divide dough in half and mold each
   half into a strip about 12 inches long
   and 2 1/2 inches wide. Place the strips,
   4 inches apart, on the prepared cookie
   sheet.

7. Bake in preheated oven for 18 minutes
   or until pale gold but not brown.
   Remove from oven and let cool on
   wire racks.

8. Lower oven temperature to 300° F.

9. Place cooled strips on a flat cutting
   surface and, using a serrated knife, cut
   crosswise into 1/2-inch wide slices.
   Place slices on cookie sheet.

10. Return cookies to oven and bake for
    10 minutes. Turn and continue to bake
    for an additional 10 minutes. Turn off
    oven and open door. Allow biscotti to
    cool in the oven with the door open.

11. Store, tightly covered, for up to 3
    weeks.

MAKES ABOUT 3 DOZEN

Frank Pellegrino, owner, Rao's Restaurant
Photo by Ryan Thatcher

Quick-cooking oats are more tender than other types of oats, such as whole oats or rolled oats, which work well for baking and cooking. Add quick-cooking oats to pancakes, muffins, and cookies or as a binder in meatloaf or meatballs instead of bread crumbs.

BANANA COCONUT COOKIES
Capri Bakery, Inc.

2/3 cup dark brown sugar
1/2 cup mashed ripe banana
1 cup lowfat plain yogurt
1 teaspoon rum flavor
3/4 cup all-purpose flour
1 cup quick-cooking oats
1/2 cup sweet flaked coconut
1/2 cup golden raisins
1/2 cup finely chopped walnuts
1 teaspoon baking powder
1/8 teaspoon ground nutmeg
1/4 teaspoon ground cinnamon
dash of ground ginger

1. Preheat oven to 350° F.

2. Place first 4 ingredients in a large bowl and beat with a mixer at medium speed until blended.

3. Lightly spoon flour into dry measuring cup and level with a knife.

4. Combine flour and remaining ingredients in a separate bowl, stirring with a whisk.

5. Stir flour mixture into banana mixture.

6. Drop dough by 2 tablespoons onto parchment-paper-lined baking sheet.

7. Bake at 350° F for 20 minutes or until edges of cookies are lightly browned.

8. Remove from oven and let cool completely.

YIELDS ABOUT 20 COOKIES

Go Green recipe contributors
Photo by Lara Alcantara

Salud!

MAP OF RECIPE CONTRIBUTORS

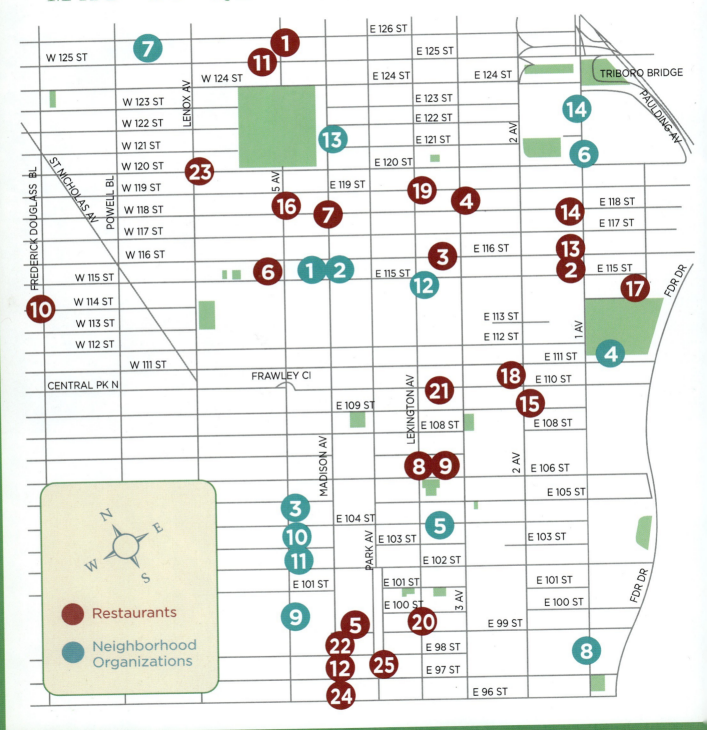

Restaurants and Farmers' Markets

1. **BOMA COFFEE & TEA COMPANY**
Chef: George Van Goodman
2037 Fifth Avenue
New York, NY 10035
212.427.8668
www.nubianheritage.com

2. **CAMARADAS EL BARRIO**
Owners: Orlando Plaza and
Raul Rivera
2241 First Avenue
New York, NY 10029
212.348.2703
www.camaradaselbarrio.com

3. **CAPRI BAKERY, INC.**
Head Baker: Frank Testa
186 East 116th Street
New York, NY 10029
212.410.1876

4. **CREOLE RESTAURANT & MUSIC SUPPER CLUB**
Kevin Walters, CEO
2167 Third Avenue
New York, NY 10035
212.876.8838
www.creolenyc.com

5. **GREENMARKET, COUNCIL ON THE ENVIRONMENT OF NYC**
Director: Michael Hurwitz
East 99th Street
(Madison and Park Avenues)
New York, NY 10029
212.788.7476
www.cenyc.org

6. **GINGER**
Chef: Wei Xiong Hu
1400 Fifth Avenue
New York, NY 10026
212.423.1111
www.gingerexpress.com

7. **THE HARLEM TEA ROOM**
Owner: Patrice Clayton
1793A Madison Avenue
New York, NY 10035
212.348.3471
www.harlemtearoom.com

8. **HARVEST HOME FARMERS' MARKET**
Founder: Maritza Owens
East 106th Street
(Lexington and Third Avenues)
New York, NY 10029
212.828.3361
(open Thursday only)
www.harvesthomefm.org

9. **LA FONDA BORICUA**
Owners: Roberto Ayala & Jorge Ayala
169 East 106th Street
New York, NY 10029
212.410.7292
www.fondaboricua.com

10. **MELBA'S**
Owner: Melba Wilson
300 West 114th Street
New York, NY 10026
212.864.7777
www.melbasrestaurant.com

11. **MO-BAY UPTOWN RESTAURANT & BBQ**
Owners: Sheron Barnes and
Wenford Simpson
17 West 125th Street
New York, NY 10027
212.876.9300
www.mobayrestaurant.com

12. **ONE FISH TWO FISH RESTAURANT**
General Manager: Veronica O'Reilly
1399 Madison Avenue
New York, NY 10029
212.369.5677
www.onefishtwofish.com

13. **ORBIT EAST HARLEM**
Owner: Dee Hengstler
Chef: James Marshall
2257 First Avenue
New York, NY 10029
212.348.7818
www.orbiteastharlem.com

14. **PATSY'S PIZZERIA**
Owners: Frank Brija and
Giovanni Brecevich
2287-91 First Avenue
New York, NY 10035
212.534.9783
www.patsyspizzeriany.com

15. **PIATTO D'ORO RISTORANTE I**
Owners: Amie Kyros-Pettrucci and
Gilberto Pettrucci
349 East 109th Street
New York, NY 10029
212.828.2929
www.restaurantpiattodoro.com

16. **PIATTO D'ORO RISTORANTE II**
One East 118th Street
New York, NY 10035
212.722.7220

17. **RAO'S RESTAURANT**
Owner: Frank Pellegrino
455 East 114th Street
New York, NY 10029
212.722.6709
www.raos.com

18. **RICARDO'S STEAK HOUSE**
Owners: Raphael Benavides and
Eddie Mateus
2145 Second Avenue
New York, NY 10029
212.289.5895
www.ricardosteakhouse.com

19. **SABOR BORINQUEÑO**
Owner: Jose Galarza
158 East 119th Street
New York, NY 10035
212.410.2805
chefjose2@msn.com

20. **THE SANDWICH SHOPPE**
Owner: Nicholas "Bino" Rubino
1553 Lexington Avenue
New York, NY 10029
212.860.4376
www.redrubinllc.com

21. **SAVOY BAKERY**
Vice President: Brian Ghaw
170 East 110th Street
New York, NY 10029
212.828.8896
www.savoybakery.com

22. **SEATTLE CAFE**
Manager: Deepak Jacobi
1411 Madison Avenue
New York, NY 10029
212.423.0446
www.seattlecafe.com

23. **SETTEPANI BAKERY**
Owners: Leah Abraham and
Antonio "Nino" Settepani
196 Lenox Avenue
New York, NY 10026
917.492.4806
www.settepanibakery.com

24. **THREE GUYS RESTAURANT**
Owner: Kostas Athanasiou
1381 Madison Avenue
New York, NY 10029
212.348.3800

25. **(V) SANDWICH BAR**
Owner: Aharon Moualem
1259 Park Avenue
New York, NY 10029
212.360.7185
www.v-ny.com

Not represented on map

FLASH INN
Owners: Tony Merenda and
Joe Merenda
107 Macombs Place
New York, NY 10039
212.283.8605

ZOMA RESTAURANT
Owner: Henock Kejela
2084 Frederick Douglass Boulevard
New York, NY 10026
212.662.0620

Neighborhood Organizations

1. **116TH STREET BLOCK ASSOCIATION**
Executive Director: Hilda Candy Vasquez
23 East 115th Street
New York, NY 10029
212.860.4100
blockassociation@aol.com

2. **COMMUNITY BOARD 11**
Chair: Robert Rodriguez
District Manager: George Sarkissian
55 East 115th Street
New York, NY 10029
212.831.8929
www.cb11m.org

3. **EL MUSEO DEL BARRIO**
Director: Julián Zugazagoitia
1230 Fifth Avenue
New York, NY 10029
212.831.7272
www.elmuseo.org

4. **HARVEST HOME FARMERS' MARKET, INC.**
Founder: Maritza Owens
420 East 111th Street
New York, NY 10029
212.828.3361
www.harvesthomefm.org

5. **HOPE COMMUNITY, INC.**
Executive Director: Robin Lebaron
Deputy Executive Director: Carmen Vasquez
174 East 104th Street
New York, NY 10029
212.860.8821
www.hopeci.org

6. **JOHN.S. ROBERTS MIDDLE SCHOOL 45 ENVIRONMENTAL CLUB**
Teacher: Lynn Tiede
2351 First Avenue
New York, NY 10035
212.860.5838

7. **MANHATTAN BOROUGH PRESIDENT'S OFFICE**
Northern Manhattan Office
Director: Shanifah Rieara
Deputy Director: Wendy Garcia
163 West 125th Street, 5th Floor
New York, NY 10027
212.531.1609
www.mbpo.org

8. **METROPOLITAN HOSPITAL CENTER**
1901 First Avenue
New York, NY 10029
212.423.6262

9. **MT. SINAI HOSPITAL**
President: Dr. Burton Drayer
One Gustave Levy Place
1190 Fifth Avenue
New York, NY 10029
212.241.6500

10. **MUSEUM OF THE CITY OF NEW YORK**
President: Susan Henshaw Jones
1220 Fifth Avenue
New York, NY 10029
212.534.1673
www.mcny.org

11. **NEW YORK ACADEMY OF MEDICINE**
President: Dr. Jo Ivey Boufford
1216 Fifth Avenue
New York, NY 10029
212.822.7200
www.nyam.org

12. **NEW YORK CITY DEPARTMENT OF HEALTH AND MENTAL HYGIENE**
East & Central Harlem District Office
Executive Director: Assistant Commissioner Andrew Goodman
158 East 115th Street, 3rd Floor
New York, NY 10029
212.360.5980
www.nyc.gov/health

13. **NORTH GENERAL HOSPITAL**
President & CEO: Dr. Samuel J. Daniel
1879 Madison Avenue
New York, NY 10035
212.423.4000
www.northgeneral.org

14. **WAGNER TENANTS' ASSOCIATION**
President: Katie Harris
2385 First Avenue, 4D
New York, NY 10035
212.289.5658

Not represented on map

THE CHILDREN'S AID SOCIETY
Manager Food & Nutrition Programs: Stefania Patinella
105 East 22nd Street
New York, NY 10010
212.949.4800
www.childrensaidsociety.org

COLUMBIA CENTER FOR CHILDREN'S ENVIRONMENTAL HEALTH
Director: Dr. Frederica Perera
100 Haven Avenue, Tower III Suite 25F
New York, NY 10032
212.304.7280
www.ccceh.org

Índice de Materias

Introducción por Stringer, Presidente del Condado de Manhattan
REGALO DE EAST HARLEM A SI MISMO

En la lonchera que yo llevaba a la escuela pública 152 en Washington Heights, solía haber un sándwich de queso y mortadela con mostaza, o tal vez un pan con mantequilla de maní y jalea. Cuando había una manzana, era un día de nutrición excelente. Cuando asistía a la escuela primaria a fines de los 60, el menú de mi almuerzo era el mismo que el de mis compañeros de clase.

Hoy sabemos mucho más sobre la nutrición, pero mejorar nuestra dieta es algo en lo que ser inteligente sólo nos lleva hasta cierto punto.

Mi experiencia, y apuesto que es la suya también, es que los hábitos alimentarios encabezan la lista de las cosas que se hacen, pero que no son iguales a las que se dicen. Es más fácil hablar de comida saludable que prepararla. Este recetario intenta ayudarnos hacer de las dietas nutritivas una parte de nuestras vidas.

Es un libro que trata sobre comidas sabrosas y saludables, Y también acerca de la comunidad de East Harlem, un lugar único. Al celebrar tanto la comida como a la gente de East Harlem, esperamos que este libro atraiga atención y que muchos obtengan los beneficios de los importantes consejos de salud que hay aquí.

Una vez que ha decidido cocinar regularmente, lo que resta es encontrar la manera de preparar los platos que a Ud. y a su familia le gustan (los platos caseros, si le parece) y encontrar modos más saludables de prepararlos. Sin dudas, usted va a encontrar algunas de las recetas preferidas de su familia en estas páginas.

A primera vista, East Harlem no parece el lugar para las ideas novedosas sobre la vida saludable en un ámbito urbano. East Harlem ha estado por demasiado tiempo en el último lugar del pensamiento de los planificadores urbanos, y ha sido más bien un terreno fértil para verter los problemas de NIMBY, como el paradero de ómnibus que aflige al vecindario. La probabilidad de tener diabetes en East Harlem es diez veces mayor que la de quienes viven 40 manzanas al sur del Upper East Side.

Pero es un nuevo día. Si necesita convencerse de ello, asista a una de las reuniones matutinas que sostienen cada jueves los centenares de miembros del comité de dirección de *Viva Verde East Harlem*. Esta vez, East Harlem y sus líderes quieren estar a la cabeza, no a la zaga, del movimiento medioambiental.

Scott Stringer, Presidente del Condado de Manhattan
Foto por Paola Paloscia

Cuando se hizo el llamado a la comunidad para ayudar con la confección de este libro de cocina, he aquí lo que sucedió:

Chefs y dueños de restaurantes, proveedores de comida, operadores de los mercados agrícolas, residentes locales, líderes de las organizaciones communidades—más de 40 contribuyentes individuales—dieron un paso al frente con recetas de barrio para manjares saludables. Nutrición Integral, una escuela de prestigio nacional localizada en Manhattan y reconocida por su acercamiento novedoso al tema de salud y dieta, brindó voluntariamente su tiempo y experiencia para revisar las numerosas recetas recopiladas. Un grupo de talentosos artistas graduados del Centro Internacional de Fotografía, cedió su tiempo y crearon las hermosas fotos que muestran una ventana hacia los habitantes de East Harlem, quienes compartieron las mejores recetas de sus repertorios culinarios.

El doctor Adam Aponte, uno de los directores del North General Hospital, escribió un texto sobre ejercicios, dieta y diabetes. Kysha Harris, experta culinaria, brindó perlas de sabiduría para preparar las cocinas antes de cocinar. La Corporación para el Desarrollo Comunitario de Harlem nos confeccionó un mapa.

El resultado es este libro de recetas de cocina de, por y para la comunidad.

Disfrute este libro, el regalo de East Harlem para sí mismo. En las páginas que siguen, encontrarán docenas de recetas para confeccionar platos deliciosos y saludables, algunos sabios consejos dispersos en él, así como bellas fotografías que le harán desear encontrar la Línea Verde, el medio de transportación que le sirve para llegar a East Harlem.

Cordialmente,

Agradecimientos

¿Demasiados cocineros en la cocina? No cuando se trata de un proyecto de *Viva Verde East Harlem*.

Viva Verde trata sobre la participación del vecindario, por eso no es una sorpresa que la lista de personas responsables de este libro sea tan larga.

El comité de dirección de *Viva Verde* (foto y lista del comité en la página siguiente) cuenta con cien miembros, todos viven y trabajan en East Harlem. El apoyo y las contribuciones de todos ellos fueron invaluables, particularmente el alcance comunitario local necesario para identificar las fuentes de las recetas.

Las docenas de fotos en estas páginas, muchas de una belleza extraordinaria, fueron tomadas por un grupo de recién graduados del Centro Internacional de Fotografía en Manhattan: Lara Alcántara, Paula Ovadel, Paola Paloscia, Hyla Skopitz, Ryan Thatcher, Andre Watts y Tom White. Cada uno de estos artistas ofreció su tiempo y su talento, y entre todos crearon imágenes que cuentan la historia de East Harlem: su comida, la comunidad, y cómo ha mejorado la salud comunitaria.

Thomas Lunke, miembro del comité directivo de *Viva Verde,* y Steven Mastin, ambos de la Corporación para el Desarrollo Comunitario de Harlem, confeccionaron un mapa (página 134) que permite ubicar e ir a los restaurantes y otras organizaciones que ofrecieron las recetas para este libro.

Kysha Harris, quien dirige SCHOP!, un servicio personal de cocina, nos ayudó a mejorar nuestro coeficiente intelectual culinario con consejos para preparar la cocina y decidir qué utensilios son indispensables y cuáles no.

El doctor Adam Aponte, otro miembro del comité de dirección de *Viva Verde,* compartió con nosotros su perspectiva experta acerca de dos graves problemas estrechamente vinculados: la obesidad y la diabetes.

Sin la paciencia, profesionalidad, talento y la guía continua de Joan Strasbaugh y su equipo en Jones Books, este libro sería sólo una idea.

Un agradecimiento especial para Nutrición Integral, una escuela radicada en Manhattan reconocida nacionalmente por su pensamiento de vanguardia sobre cómo vivir y comer saludablemente. Ellos nos brindaron un acercamiento calificado a la nutrición y una opinión autorizada sobre dietas saludables. Dana Lilienthal, una graduada de 2006, y Suzanne Boothby, la coordinadora editorial de la escuela reunieron los consejos de salud que acompañan las recetas y los iconos que señalan beneficios específicos de salud.

Las docenas de colaboradores de este recetario (foto, página 133) son las verdaderas estrellas de este espectáculo, y merecen nuestro agradecimiento no sólo por contribuir con valiosas recetas sino también por perseverar con el proceso editorial de este libro, que ha exigido su participación continua.

Finalmente el incansable e ingenioso equipo de la oficina del presidente del condado de Manhattan, un grupo que nunca imaginó que se convertirían en editores y diseñadores de un libro de cocina: Scott Schell, Rosemonde Pierre-Louis, Renee Cafaro, Maggi Peyton, Julia Howe, Greg Kirschenbaum, Laura Raposo, Susannah Vickers, Nicole Ferree, Shanifah Rieara, Sherri Taft-Leonce, Wendy Garcia, Alaina Colon, Jimmy Yan, Sascha Puritz, Kenneth Nemchin, Bruce Berkow, Joel Bhuiyan y Cullen Barrie.

Comité de dirección de
Viva Verde East Harlem

Hon. Scott M. Stringer
Hon. Jose Serrano
Hon. Melissa Mark-Viverito

_____

Catherine Abate
Eric Agosto
Dr. Adam Aponte
Brian Armstead
Jessica Armstead
Diana Ayala
Taryn Bayer-Shalev

Drew Becher
Marian Bell
Alex Bernier
Evan Blum
Carmen Boon
Tyrone Bowman
Barbara Brenner
Hannah Brockington
Alex Brown
Joseph Brown
Roger Caban
Renee Cafaro
Victor Catano
Jenifer Clapp
Diane Collier

Alaina Colon
Brian Cook
Cecil Corbin-Mark
Sylvia Cowan
Tom Cowell
Carter Craft
Geoffrey Croft
Randolph Croxton
Walter Edwards
Pam Elam
Judith Escalona
Robert Ezrapour
Fernando Fernandez
Ruth Finkelstein
Patricia Francis

Lisa Frigand
Stuart Gaffin
Dr. Maida Galvez
Ana Garcia
James Garcia
Wendy Garcia
Amy Gavaris
Mekbib Gemeda
David Gmach
Dr. Andrew Goodman
Michael Gulich
Janet Heit
Elli Himelstein
Dianne Howard
Julia Howe

David Hurd
Michael Hurwitz
Hunter Johansson
Greg Kirschenbaum
Hope Knight
Gabrielle Langholtz
Wanda Latchman
Robin Lebaron
Brian Levinson
Lenny Librizzi
Miriam Falcon Lopez
Ray Lopez
Tom Lunke
Julia Lynch

Kathryn McGuire
Nilda Mesa
Angela Michie
Jill Nelson
Cuong Nguyen
Maritza Owens
Marina Ortiz
Prof. Neville Parker
Damiris Perez
Sandra Perez
Maggi Peyton
Rosemonde Pierre-Louis
Eric Pugatch
Sascha Puritz

Debbie Quinones
Karla Quintero
Andria Reyes
Shanifah Rieara
Johnny Rivera
Robert Rodriguez
Christina Salvi
Caroline Samponaro
George Sarkissian
Scott Schell
Megan Shane
Peggy Shepard
Debra Smallwood
Michelle Stent

Maura Sweeney
Dr. Anjali Talwalkar
Monica Tavares
Pablo Torres
Mali Trilla
Leon Tulton
Candy Vasquez
Carmen Vasquez
Melinda Velez
Susannah Vickers
Jimmy Yan

Foto por Paula Ovadel

CÓMO USAR ESTE LIBRO

A lo largo de la historia, hemos comido los alimentos tal y como la naturaleza los ha creado. La gente consumía vegetales integrales y sin procesar, frutas, granos, frijoles, pollo, pescado y otros productos de origen animal.

Nuestros hábitos alimenticios son muy diferentes hoy día. A los estadounidenses nos encantan los alimentos procesados, como la repostería, las galletas, los pasteles, las papitas de bolsa y otros alimentos que tienen muy poco que ver con sus orígenes. Nuestros antepasados no reconocerían muchos de los alimentos que están en el supermercado hoy.

Los alimentos procesados generalmente contienen edulcorantes, colorantes, sabores artificiales y conservantes. Los fabricantes ahora añaden azúcar a casi todo, desde el ketchup hasta la pasta de dientes. Los anaqueles en los supermercados están repletos de alimentos con elevados contenidos de sustancias químicas, incluyendo los refrescos, las meriendas empacadas, los productos congelados, los postres empaquetados y los condimentos.

La cocina nutre nuestros cuerpos en muchos niveles. Aprender a cocinar para Ud. y para quienes ama lo cambia todo. Al cocinar en casa Ud. puede controlar que lo que entra en su cuerpo y regresar a maneras más simples de comer.

Es más fácil de lo que piensa. Las recetas en estas páginas, creadas por los mejores chefs de East Harlem, le ayudarán a cambiar nos hábitos culinarios para bien. En la parte superior de casi todas las recetas, Nutrición Integral ha añadido un aviso de salud, relativo a la receta y a la mejor manera de prepararla.

También creamos cuatro iconos (libre de lácteos, sin azúcar, vegetariano y granos integrales), una manera rápida y fácil de acceder a una guía de recursos para ver los alimentos más sanos para su cuerpo. Nutrición Integral ha revisado cada receta y ha decidido cuál de los elementos debe ser representado.

Libre de lácteos

El queso, la leche y la mantequilla son productos lácteos y no son parte fundamental de la dieta humana. Muchos adultos alrededor del mundo no toleran la lactosa, lo que significa que les faltan las enzimas necesarias para digerir los productos lácteos. Además, los productos lácteos están cargados de grasa y colesterol, elementos que contribuyen a la obstrucción de las arterias y la aparición de enfermedades cardiovasculares en general.

Sin azúcar

El estadounidense promedio hoy, consume más de cien libras de azúcar y edulcorantes al año. El azúcar no tiene vitaminas, ni minerales, ni las fibras que necesita nuestro cuerpo para funcionar. Cuando se consume, el cuerpo debe reducir su reserva propia de vitaminas y minerales para absorberla. El azúcar ocasiona un efecto de montaña rusa en los niveles de azúcar en la sangre, las subidas de nivel se sienten como una irrupción de energía, y los bajones, como choques. Estas continuas alzas y bajas del nivel de azúcar en la sangre pueden conducir a la diabetes y otros problemas de salud relacionados.

Vegetariano

La comida vegetariana es preparada sin carnes animales, tales como el pollo, la carne de res o el pescado. En general, los alimentos sin estos productos animales tienen menores cantidades de grasas saturadas y colesterol. Nadie puede vivir sólo con una dieta puramente vegetariana, pero la mayoría de la gente puede beneficiarse si toman uno, dos o más días a la semana para restringir la carne en sus dietas. Además hay fuentes alternativas de proteína en los frijoles, granos y nueces.

Granos integrales

Los granos integrales han sido un elemento central de la dieta humana desde el alba de la civilización. Granos integrales como el arroz integral, la quinoa, la avena y los panes de harina integral brindan una corriente de energía que dura todo el día. Estos granos son particularmente importantes para personas diabéticas o pre-diabéticas ya que ayudan al control del azúcar en el cuerpo.

Acerca de Nutrición Integral

Nutrición Integral es la única escuela en el mundo que integra diferentes teorías dietéticas—que combinan el conocimiento de las filosofías tradicionales como Ayurveda, macrobiótica, y medicina china, además de conceptos modernos como el de la pirámide de USDA, el índice glicémico, La Zona, la dieta de South Beach y los alimentos crudos. La escuela enseña más de cien teorías dietéticas, trata conceptos fundamentales y la ética de la alimentación en el mundo moderno.

Nuestra misión es jugar un papel crucial en la mejora de la salud y la felicidad de los estadounidenses y en el proceso, crear un efecto dominó que transforme el mundo. Para más información, vaya a www.integrativenutrition.com.

APERITIVOS & ENTREMESES

La quinoa es un grano libre de gluten originario de Sudamérica. La proteína en la quinoa es considerada completa ya que contiene los ocho aminoácidos esenciales. La quinoa puede ser usada para reemplazar cualquier grano, y se sirve fría en ensaladas.

PANECILLOS DE QUINOA-PLÁTANO
Children's Aid Society, Stefania Patinella

3/4 taza de quinoa*
2 plátanos medianos, pelados y
  aplastados
2 huevos
1/2 taza yogurt de leche entera
1/2 taza sirope de arce real, miel o azúcar
1 cucharadita extracto de vainilla
1/2 taza pecanas o nueces cortadas
1/3 taza pasas doradas
1/2 taza harina multipropósito (sin
  blanquear)
1/2 taza harina de trigo integral
1/2 cucharadita de bicarbonato
1 1/2 cucharaditas de polvo de hornear
1/2 cucharadita de canela molida
pizca de sal

1. Lave bien la quinoa, póngala con 1 1/2 tazas de agua en una cazuela mediana. Hiérvala, cúbrala y reduzca a fuego lento. Cocine por 18–20 minutos. Quítela del fuego y déjela refrescar tapada durante 10 minutos. Salen aproximadamente 2 tazas.

2. Precaliente el horno a 400° F. Ponga mantequilla y harina en un molde de 12 panecillos.

3. En una caldera grande, combine el puré de plátano, los huevos, el yogurt, el sirope de arce y el extracto de vainilla, mézclelo todo. Añada 2 tazas de la quinoa cocida, las pecanas y las pasas doradas. Mézclelo de nuevo y póngalo a un lado.

4. En otra caldera, bata la harina, la harina integral, el bicarbonato, el polvo de hornear, la canela y la sal.

5. Añada la pasta de harina al plátano y mézclelo bien.

6. Llene cada molde con 1/3 taza de la mezcla.

7. Hornéelos por 25–28 minutos o hasta que se doren. Retire el molde del horno y déjelo refrescar por 10 minutos. Saque los panecillos del molde y déjelos enfriar en una rejilla.

RINDE 12 PANECILLOS

*Compre la quinoa en cualquier mercado étnico o de productos saludables de Nueva York. Si no la encuentra, sustitúyala por 1 1/2 tazas de hojuelas de avena regular para confeccionar unos panecillos igual de sabrosos.

Foto por Ryan Thatcher

PANECILLOS MATUTINOS VEGAN
Jewel Aja Johnson

Esta receta la inventé mientras limpiaba mi refrigerador y me entró hambre.

2 tazas harina
1 taza avena instantánea
1 cucharadita canela
½ cucharadita polvo de hornear
1 cucharadita nuez moscada
2 manzanas Gala cortadas en trozos
1 taza leche de soya (sabor a vainilla)
½ taza aceite vegetal
½ limón, exprimido
½ taza granola (crujiente)

1. Mezcle la harina y la avena con la canela, el polvo de hornear y la nuez moscada. Luego añada las manzanas, vierta la leche de soya, aceite vegetal y zumo ele limón, con lo que se hará una pasta.

2. Llene los moldes de los panecillos con la pasta y póngales la granola encima.

3. Hornéelos a 350° F por 25–30 minutos.

Yo los preparo por la noche y los cocino por la mañana para un desayuno caliente y agradable.

RINDE 12 PANECILLOS

Jewel Aja Johnson, panadera asistente, y Jean Brown, dueña, T+J Bakery
Foto por Ryan Thatcher

Para añadir un aumento nutritivo, use huevos Omega-3. Los ácidos grasos y esenciales de Omega-3 pueden ayudar a reducir la alta presión sanguínea, el riesgo de enfermedades cardiacas, ataques de apoplejía y aún combatir la depresión.

TORTILLA DE PAPAS
Academia de Medicina de Nueva York, Dra. Jo Ivey Boufford

5 huevos
2 cucharaditas aceite de oliva
1 cebolla grande, picada
2 dientes ajo, picados
1 pimiento (rojo, verde o jalapeño), cortado
4–5 papas rojas pequeñas cortadas en rebanadas
sal y pimienta

1. En un plato hondo, mezcle los huevos suavemente. Póngalo a un lado.

2. En un sartén de 9 pulgadas, a fuego medio, sofría la cebolla, el ajo y el pimentón en el aceite hasta que se ablanden. Quítelos del sartén.

3. Si se seca el sartén, añada otra cucharadita de aceite. Sofría las papas hasta que se cocinen pero que no se doren. Déle vueltas de vez en cuando.

4. Cuando las papas se cocinen, añada la cebolla y el ajo al sartén y mezcle suavemente. Extienda la mezcla uniformemente en el sartén. Después, eche los huevos sobre los vegetales.

5. Reduzca a fuego lento y deje que los huevos se cocinen (sin tocarlos) hasta que la parte superior se cuaje.

6. Pase una espátula por los bordes de la tortilla para despegarla (la parte inferior debe estar un poco dorada—si no, cocínela un poco más). Voltéela en un plato y póngala de nuevo en el sartén y cocine el otro lado.

7. Cuando se cocine, sáquela del sartén y póngala en un plato para servir y córtela en pedazos grandes. Sazónela con sal y pimienta y sírvala.

La doctora Boufford sirve la tortilla como acompañamiento a un plato de pollo.

SIRVE 4

Dra. Jo Ivey Boufford, presidenta, Academia de Medicina de Nueva York
Foto por Andre Watts

Trate de remplazar la leche desnatada de esta receta por leche de soya, leche de arroz o cualquier leche de nuez. Estas alternativas lácteas vienen en variedades regulares y de bajo contenido de grasa. Pruebe diferentes sabores para añadir algo nuevo a su granola.

GRANOLA DE CANELA CRUJIENTE
Shanikah Rieara

2 tazas hojuelas de avena
1 taza hojuelas de trigo
1 taza semillas de trigo
1/4 taza semillas de girasol sin sal
1 cucharada canela
3/4 taza jugo de manzana
1/2 taza jugo de ciruela pasa
1 taza frutas secas surtidas (pasas, albaricoques, dátiles, higos, peras)
1 cucharada miel
1/2 taza leche desnatada

1. Mezcle todos los ingredientes secos en un recipiente grande excepto las frutas.

2. Ponga los jugos en una cazuela a fuego mediano y redúzcalos un tercio.

3. Añada la fruta seca al líquido caliente y cocine con el fuego apagado por 1 minuto.

4. Vierta las frutas y el jugo sobre la mezcla seca. Añada la miel y la leche y mezcle para humedecer la avena.

5. En una bandeja para hornear engrasada con aceite vegetal, vierta la mezcla y póngala a hornear a 325° F por 30 minutos o hasta que se dore uniformemente. Remuévala para que la avena no se queme.

6. Déjela enfriar y guárdela en un recipiente hermético. Puede moler la mezcla en un procesador de alimentos para tener un cereal de textura fina. Sírvala en el desayuno con frutas y yogurt sin grasa.

SIRVE 12 (RACIONES DE 1/2 TAZA)

Cortar un mango puede ser bastante difícil. Estos son algunos pasos fáciles:

- Utilice un cuchillo bien afilado y escoja un mango que esté firme todavía.
- Corte el mango en dos tajadas, el resto del mango y la semilla.
- Corte la pulpa de las tajadas en forma de cubos con cuidado de no cortar la cáscara.
- Quite la cáscara y corte el mango en cubos.
- Corte la pulpa que quede con la semilla y córtela en cubos pequeños.

CONSERVA DE MANGO
Shanikah Rieara

1 cebolla española grande
1 pimiento rojo grande
2 mangos maduros medianos
1 cucharadita aceite de oliva extra virgen
2 dientes ajo pelados, picados
1 canela en rama
1 hoja de laurel
1/2 taza pasas doradas
1 lata tomates cortados
1 cucharadita perejil seco
sal y pimienta

1. Corte la cebolla, el pimiento y los mangos.

2. En un sartén antiadherente añada el aceite, la cebolla, el pimiento, el ajo, la canela, la hoja de laurel y las pasas doradas. Sofríalo todo a fuego mediano hasta que los vegetales estén blandos y las pasas se inflen un poco.

3. Añada los tomates, el perejil seco y los mangos. Aderece con sal y pimienta a gusto y sírvalo con cordero a la parilla, pollo a la jamaicana o puerco.

SIRVE 10

SALSA DE MELOCOTÓN Y MAÍZ
Mercado Campesino Greenmarket

1 mazorca de maíz
1 tomate, cortado en cubos
1 cebolla roja pequeña, cortada
  finamente
1 melocotón, cortado en cubos
1 puñado cilantro, cortado
1 diente ajo, cortado
1 cucharada aceite de oliva
zumo de limón o jugo de lima (opcional)
sal a gusto

1. Desgrane la mazorca y ponga los granos en un recipiente mediano. Añada el resto de los ingredientes. Mescla. Disfrútelo.

SIRVE 4

Michael Hurwitz, director, Greenmarket, Consejo Medioambiental de Nueva York
Foto por Ryan Thatcher

El edamame (frijol de soya verde) se puede encontrar sin vaina en la sección de productos congelados del supermercado. Media taza de edamame ofrece aproximadamente 8 gramos de proteína de soya.

SUCCOTA DE MAÍZ DULCE
Mercado Campesino Greenmarket

Este favorito sureño se hace generalmente con habas, pero puede usarse edamame como una sustitución sabrosa. Los frijoles planos (romanos) añaden aún más textura y sabor para confeccionar un plato perfecto de verano.

1/2 libra edamame crudos o 1 1/2 tazas cocinados
1/4 libra frijoles romanos crudos
4 mazorcas maíz
1 cucharada mantequilla
2 cucharadas aceite de oliva
sal y pimienta a gusto
pimentón a gusto (opcional)

1. Cocine los edamame en 4 tazas de agua hirviendo con sal por 8 minutos o hasta que se ablanden. Enfríelos un poco con agua fría. Saque los frijoles de la vaina. Déjelos a un lado.

2. Corte los frijoles romanos en pedazos de 1/2 pulgada. Póngalos en agua con sal hirviendo por 5 minutos o hasta que se ablanden. Enfríelos un poco con agua fría. Déjelos a un lado.

3. Cocine las mazorcas en agua con sal hirviendo por 8 minutos. Enfríelas un poco. Con un cuchillo desgrane las mazorcas. Ponga los granos en un recipiente mediano y sepárelos bien.

4. Caliente un sartén grande a fuego medio y añada aceite de oliva y mantequilla. Cuando se caliente, añada el maíz y revuelva frecuentemente para eliminar el exceso de agua. Añada los edamame y los frijoles. Quítelo del fuego y sazone a gusto.

5. La succota puede guardarse, cubierta en el refrigerador, hasta por 2 días.

SIRVE 4–6

Se puede sustituir el maíz fresco por congelado en esta receta, para ahorrar tiempo o si el maíz está fuera de temporada.

MAÍZ Y CALABACÍN SALTEADOS
Mercado Campesino Greenmarket

2 cucharadas aceite de oliva o mantequilla
½ taza cebollinos cortados
1 cucharadita ajo cortado finamente
2 tazas maíz (unas 4 mazorcas)
2 calabacines medianos, cortados longitudinalmente en 4, luego cortados en rebanadas de ¼ pulgada
½ cucharadita pimienta de cayena
¼ cucharadita sal
⅛ cucharadita pimienta negra
½ taza cilantro fresco cortado
½ taza queso, rallado (opcional)

1. Caliente el aceite en un sartén pesado a fuego moderado hasta que se caliente pero no eche humo. Añada los cebollinos y cocínelos hasta que se ablanden (unos 3 minutos).

2. Añada el ajo y revuelva por 1 minuto.

3. Añada el maíz, el calabacín, la pimienta de cayena, la sal y la pimienta negra y cocine hasta que el calabacín se ablande (unos 5 minutos).

4. Ponga el cilantro y sazone con sal y pimienta.

SIRVE 4–6

La berza de hojas verdes es un campeón nutritivo. La berza de hojas verdes, que pertenece a la familia de la col rizada, tiene propiedades anticancerígenas y antioxidantes, es baja en calorías, alta en contenido de fibra, y rica en beta caroteno, vitamina C y calcio.

BERZAS DE HOJAS VERDES
Mo-Bay Uptown Restaurant & BBQ

1 1/2 libras berzas de hojas verde
1 cucharada caldo vegetal
1 cucharada mantequilla
1 cucharada azúcar moreno
2 dientes ajo, cortados finamente
1/2 cucharadita pimienta roja molida
1 cucharadita salsa ahumada
1/8 cucharadita pimienta blanca molida
1/8 cucharadita sal

1. Quite y bote los tallos y las venas de la berza. Corte las hojas verdes en pedazos de 1 pulgada.

2. Ponga a hervir agua en una caldera grande y añada la berza, caldo vegetal y mantequilla. Cocínela por 30 minutos. Escurra.

3. En un sartén grande, antiadherente, a fuego medio-alto, añada el ajo y la pimienta roja molida. Cocine por 30 segundod.

4. Revuelva las hojas, la salsa ahumada, la pimienta, la sal y la azúcar. Cocine, agitando frecuentemente hasta que las hojas se pongan suaves.

SIRVE 4-6

Sheron Barnes, dueña, y Wenford "Patrick" Simpson, chef, Mo-Bay Uptown Restaurant & BBQ
Photo por Ryan Thatcher

El acido fólico en la espinaca puede proteger contra el cáncer de colon y de mama. Es importante para las mujeres que estén o puedan quedar embarazadas. Para descongelar la espinaca use el microondas o déjela a temperatura ambiente. Antes de usarla, exprímala para quitar el exceso de agua.

ESPECIAL DE ESPINACA
Museo de la Ciudad de Nueva York, Susan Henshaw Jones

3 dientes ajo
1/2 cebolla amarilla pequeña
1/4 taza aceite de oliva
3 paquetes de hojas de espinaca integral congelada, descongélelas y exprímalas
2 huevos
sal y pimienta
1/2 taza de queso parmesano, rallado

1. Pele el ajo y córtelo. Corte la cebolla.

2. Caliente el aceite en un sartén a fuego mediano hasta que se caliente pero no eche humo. Añada la cebolla y el ajo y cocine a fuego lento hasta que la cebolla se ponga translúcida y el ajo se dore pero no se queme.

3. Añada la espinaca y sofríala. Mientras se cocina la espinaca, bata los huevos con sal y pimienta.

4. Añada los huevos y mézclelos bien con la espinaca. Una vez que los huevos estén cocidos apague el fuego y añada el queso parmesano, mezclándolo completamente. Añada sal y pimienta a gusto.

SIRVE 4

Variante
Después de cocinar la cebolla y ajo añada 1/2 taza de hongos porcini crudos, cortados y 1/4 taza de vino blanco seco. Sofría hasta que casi todo el vino se evapore. Entonces siga con la receta.

Los grelos (hojas de nabos) tienen el sabor más amargo de todos los vegetales de hojas oscuras. Si se comen solas, se puede notar la amargura, pero si se combinan con otras hojas o frijoles, o si se usa en sopas y caldos, entonces estas hojas añaden un agradable y suave sabor.

VERDURAS SOFRITAS RÁPIDAS
Mercado Campesino Harvest Home

2 libras (cerca de 4 tazas) berza, col rizada, grelos y hojas de mostaza
1 cucharada aceite de oliva o de canola
3-4 dientes ajo, cortados
1 mazo cebollinos ó 2 cebollas medianas amarillas o rojas
1/4 cucharadita de sal
pizca de pimienta roja o salsa picante (opcional)

1. Lave las verduras, quite los tallos y córtelas y tiras. Caliente el aceite en un sartén grande a fuego mediano hasta que esté caliente

2. Añada el ajo y los cebollinos o las cebollas, y cocine hasta que las hojas se marchiten (1–2 minutos).

3. Añada las hojas, los condimentos y 2 cucharadas de agua. Revuelva bien los ingredientes.

4. Cubra el sartén, y cocine las hojas a fuego lento por 8–10 minutos. La berza puede requerir 2–3 minutos adicionales. Revuelva ocasionalmente.

SIRVE 8 (1 TAZA CADA UNO)

Información útil

• Enrolle varias hojas de las verduras y córtelas con un cuchillo afilado en tiras pequeñas de 1/4 pulgada.

• ¡No cocine demasiado las verduras del mercado! Las verduras frescas son tiernas y se cocinan rápidamente.

• Lave las verduras bien con agua fría para quitar la arena y la tierra— después sacúdales bien.

• Pruebe este plato con callaloo (espinaca silvestre), hojas verdes de diente de león, col o col china. Son deliciosas.

• Zanahorias y remolachas, cortadas en rodajas delgadas y sofritas con las verduras se ven muy bien y son sabrosas.

Hay muchos condimentos asiáticos para los platos fritos. Pruebe el shoyu japonés que es más dulce y tiene menos sal que la salsa de soya china, o el tamari, una salsa de soya sin trigo.

VEGETALES SOFRITOS
Junta Comunitaria 11, Wanda Latchman

1 cucharada aceite de oliva
1 diente ajo, cortado en pedacitos
pizca pimienta-limón
3 zanahorias medianas, cortadas en pedacitos
2 pimientos verdes medianos, cortados
3 tallos apio, cortados en pedazos pequeños
1 cebolla mediana, cortada
2 tazas brócoli fresco
1 cucharadita salsa de soya

1. Caliente aceite en una cacerola grande (wok). Añada el ajo y la pimienta-limón. Revuelva y cocine bien por 1 minuto hasta que el ajo se dore.

2. Añada las zanahorias, los pimientos verdes, el apio y las cebollas. Añada 2 cucharadas de agua.

3. Revuelva de nuevo y cocine por unos 5 minutos. Ponga el brócoli y cocínelo todo hasta que esté suave (no lo sobre cocine).

4. Añada salsa de soya y sírvalo.

SIRVE 4-6

Wanda Latchman, Junta Comunitaria 11
Foto por Hyla Skopitz

Doble esta receta y añada quinoa o arroz integral basmati y sus frijoles favoritos para un plato vegetariano súper rápido que le dejará una buena comida para el almuerzo al día siguiente.

VEGETALES RÁPIDOS DE MARTY
Oficina del Presidente del Condado de Manhattan, Martin Strickland

1 cucharada aceite de oliva
1 cebolla dulce mediana, cortada
1 pimiento rojo o amarillo mediano, sin tallos, sin semillas y cortadas
1 diente ajo, cortado
1 calabaza amarilla grande, cortada
1 calabacín grande, cortado
1 zanahoria, rallada
pimienta negra a gusto

1. En un sartén grande, caliente el aceite y añada las cebollas, los pimientos y el ajo.

2. Sofría hasta que las cebollas estén translúcidas.

3. Añada la calabaza, el calabacín y zanahoria. Cocine a fuego lento por 5 minutos.

SIRVE 2–3

Martin Strickland, chofér, Oficina del Presidente del Condado de Manhattan
Foto por Tom White

VEGETARIANO

En vez del azúcar moreno en esta receta, utilice edulcorantes alternativos, néctar de agave (la planta de la tequila), sirope de arroz integral o sirope de arce.

BONIATOS RELLENOS DE JINI MAC
Virginia Montague

4 boniatos medianos
1 plátano pequeño maduro
1/4 jugo de naranja fresca
2 cucharadas azúcar moreno
1/2 cucharadita nuez moscada
3 cucharadas margarina sin grasas trans
1/4 taza pecanas cortadas

1. Caliente el horno a 350° F.

2. Hinque los boniatos en varios lugares con un tenedor. Cocínelos en el microondas 8–10 minutos o hasta que se ablanden.

3. Cuando se enfríen, córtelos a la mitad, quite la masa de los boniatos y deje una cáscara de 1/4 pulgada. Aplaste los boniatos y el plátano en un recipiente y añada el resto de los ingredientes sin las pecanas.

4. Ponga la mezcla a cucharadas en las cáscaras y póngalas en una bandeja para hornear. Esparza las pecanas. Hornee 10–12 minutos o hasta que se calienten.

SIRVE 8

Virginia Montague
Foto por Ryan Thatcher

POPURRÍ DE CALABAZAS DE VERANO
Mercado Campesino Harvest Home

5 calabacines verdes pequeños (1 libra)
4 calabacines amarillos pequeños o calabacines crookneck (1 libra)
4 calabacines blancos pequeños (3/4 libra)
1 cucharada aceite de oliva o de canola
2 dientes ajo, cortados
1 cucharada albahaca fresca, cortada en tiras finas
1 cucharadita orégano fresco, cortado
1/4 cucharadita de mejorana fresca, hierba buena o menta cortada
sal y pimienta a gusto

1. Corte el calabacín verde y el amarillo en rodajas de 1/2 pulgada.

2. Corte el calabacín blanco en rodajas de 1/2 pulgada. Corta las rodajas en pedazos más pequeños.

3. Caliente el aceite en un sartén grande a fuego medio hasta que esté bien caliente.

4. Añada el ajo y sofríalo por 1 minuto hasta que se dore, no los deje quemar.

5. Añada todo el calabacín y cocínelo, remuévalo ocasionalmente. Cocine hasta que esté suave al tacto; pruebe con un tenedor (unos 5–7 minutos).

6. Mezcle las hierbas aromáticas.

SIRVE 6

Información útil

- Cocine los calabacines verdes y amarillos con la cáscara, es delicioso y más nutritivo.

- Los calabacines amarillos crudos son excelentes para comerlos con salsas o ponerlos en ensaladas.

- Corte judías verdes de manera sesgada y póngalas en esta receta junto a los calabacines.

Maritza Owens, Mercado Campesino Harvest Home
Foto por Ryan Thatcher

VEGETARIANO

El boniato, batata o camote, contiene más beta caroteno que las zanahorias. El beta caroteno se asocia con el reforzamiento del sistema de inmunización.

BONIATO SABROSO
Metropolitan Hospital Center, Marion L. Bell

3 boniatos o ñames medianos
3 claras de huevos (no se usan las yemas)
1/4 taza leche condensada
1/4 taza miel
1/8 cucharada moscada molida
3/4 cucharada extracto puro de vainilla
1/4 cucharada canela molida
1/2 lata (7 onzas) de piña cortada en trozos en su jugo
1/2 taza salsa de manzanas con canela (sin azúcar)
1/4 taza pasas
1/4 taza de coco cortado en tiras

1. Enjuague y lave los boniatos o ñames sin pelarlos.

2. Póngalos en una caldera grande, cúbralos con agua fría, póngala a hervir. Cocínelos por 45 minutos o hasta que un tenedor les entrare fácilmente (Corte los boniatos a la mitad o use dos calderas para reducir el tiempo de cocción).

3. Escurra los boniatos y déjelos enfriar hasta que se puedan manipular. Quíteles la cáscara con delicadeza. Ponga la masa de los boniatos en un recipiente. Aplástelos hasta que se pongan bien suaves.

4. Añada 1/4 taza de claras de huevo (guarde el resto), los ingredientes líquidos y las especias en polvo. Mézclelo completamente. Añada la fruta y su jugo, las pasas y el coco. Mézclelo con una espátula.

5. Usando una licuadora eléctrica, bata las claras a toda velocidad hasta que se pongan blancas, esponjosas y luego espesas.

6. Ponga la mezcla del boniato en una cazuela de 9 por 9 pulgadas aceitada. Use una espátula para voltear las claras, pero no las mezcle o bata de nuevo. Si las mezcla demasiado, las claras no subirán en el horno.

7. Hornee la mezcla a 350° F por 45–50 minutos. Déjela enfriar. Sírvala tibia con las comidas o como postre.

SIRVE 6–8

Marion L. Bell, primera vice comisionada, Junta de Consulta Comunitaria, Metropolitan Hospital Center
Foto por Andre Watts

Este plato también sirve para acompañar pastas o pollo.

CALABACINES Y TOMATES ESTOFADOS DE ROSALINDA

Departamento de Salud e Higiene Mental de Nueva York,
Dr. Andrew Goodman

1/4 taza aceite de oliva, canola o vegetal
1 cebolla grande, cortada
3 dientes de ajo, cortados
4 calabacines, cortados en rodajas de 1/2
    pulgada
6 tomates ciruela, cortados
1/2 cucharadita de orégano o albahaca
    secos
pimienta negra a gusto

1. Caliente el aceite en un sartén grande a fuego medio alto.

2. Cuando el aceite esta caliente, pero no echando humo, añada las cebollas y el ajo y cocínelo sobre un fuego medio alto hasta que las cebollas se ablanden, pero no deje ponerlas oscuras.

3. Añada los calabacines, el tomate, el orégano seco o la albahaca y 1/4 taza de agua al sartén.

4. Cúbralo y cocínelo a fuego lento por 45 minutos o hasta que los calabacines se ablanden.

5. Añada pimienta negra a gusto. (Evite la sal para que sea un plato con bajo contenido de sodio.)

SIRVE 6

Dr. Andrew Goodman, comisionado adjunto, Departamento de Salud e Higiene Mental de Nueva York
Foto por Ryan Thatcher

Los piñones se extraen de los conos de pinos y el proceso de extracción es lo que los hace tan caros. Pueden ser reemplazados por nueces, avellanas, maní o semillas de girasol.

PIMIENTOS TOSTADOS
Rao's Restaurant

6 pimientos rojos
1/2 taza de aceite de oliva de calidad
3 cucharadas de pasas doradas
2 cucharadas de piñones
1 cucharadita de perejil italiano cortado
1/8 cucharadita de ajo cortado (opcional)
sal y pimienta a gusto

1. Prepare la parrilla.

2. Ase los pimientos, voltéelos frecuentemente hasta que la piel se haya quemado por todas partes. Quítelos de la parrilla y póngalos inmediatamente en una bolsa grande de papel oscuro y ciérrela completamente. Deje que los pimientos liberen el vapor en la bolsa por 20 minutos o hasta que se enfríen.

3. Cuando los pimientos se enfríen, sáquelos de la bolsa. Quíteles la piel quemada, tallos y semillas. Córtelos longitudinalmente en tiras de 1/4 pulgada.

4. Ponga las tiras en un colador por lo menos 3 horas o hasta que casi toda el agua se escurra.

5. Mezcle los pimientos con el aceite, las pasas, las nueces, el perejil y el ajo (si lo usa). Déjelo marinar por lo menos 1 hora antes de servirlo a temperatura ambiente.

SIRVE 10–12

El brie es un queso suave que se unta fácilmente sobre galletas o pan. Busque brie francés y sírvalo a temperatura ambiente. Si no puede conseguir brie, pruebe con otros quesos como camembert, explorateur o paglieta.

ENSALADA DE MANZANAS NUEVA YORK
Museo de la Ciudad de Nueva York, Kathleen Benson

1 maduro mango, cortado en cubos
1 taza yogurt de poca grasa
2 rebanadas de pan de pasa, cortadas en cubos
1 cucharada de aceite de oliva
3 manzanas verdes, peladas y cortadas en cubos
1/2 libra brie, cortado en cubos

1. Mezcle el mango con el yogurt.

2. Sofría los cubitos de pan en aceite hasta que estén crujientes—es una buena manera de utilizar pan viejo.

3. Combine las manzanas, el brie y el pan.

4. Vierta el yogurt sobre todo.

SIRVE 6

La remolacha es fuente excelente de acido fólico, vitamina C, potasio y fibra. Sus hojas son deliciosas también y buena fuente de vitaminas A y C, calcio y hierro. El jengibre es remedio natural contra nauseas y mareos. Para hacer té ponga un pedazo de jengibre en una tetera y vierta agua caliente. Déjelo reposar por 10 minutos y bébalo así, o endúlcelo con miel.

ENSALADA DE REMOLACHA CRUDA Y MANZANA

Mercado Campesino Harvest Home

1 cucharadita de jengibre recién pelada
1 pepino pequeño
1 manzana grande (sin pelar)
1 libra de remolacha con hojas
2 cucharadas vinagre
1/4 cucharadita sal
1/2 cucharada pimienta negra molida
1/2 cucharada aceite de oliva

1. Con los huecos más pequeños de un rallador de queso, ralle el jengibre directamente sobre una cacerola mediana.

2. Pele el pepino y rállelo en la cacerola con el jengibre.

3. Lave y después ralle la manzana en la cacerola también.

4. Separe las hojas de las remolachas.

5. Pele y ralle las remolachas (dará cerca de 3 tazas) y añádalas a la cacerola. Mézclelo todo hasta que el jengibre esté bien distribuido.

6. Enrolle 3–4 hojas de la remolacha lavada y los tallos, y córtelos en tiras finas (da 3/4 taza). Añádalas a la mezcla para que la ensalada sea más colorida.

7. Añada el vinagre, la sal y la pimienta y mézclelo todo bien.

8. Adicione el aceite de oliva y revuelva para que se combine. Sírvalo de inmediato o guárdelo en el refrigerador.

SIRVE 6 (1 TAZA CADA UNO)

Información útil

• Las remolachas y las manzanas son dulces por naturaleza, así que no añada azúcar.

• Pruebe con peras en lugar de manzanas para un sabor de fruta diferente.

• Experimente: ralle zanahorias, nabos y otros vegetales frescos del mercado.

• Disfrute de la remolacha cruda, frita, hervida, al vapor u horneada.

• No bote las hojas y tallos, las hojas de las remolachas se pueden cocinar al vapor, sofreír o añadir crudas a las ensaladas.

Para reducir la grasa en este plato, utilice pechugas de pollo deshuesadas, sin piel, cortadas en tiras (o compre chicken tenders) en lugar de alas, use también un yogurt con bajo o ningún contenido de grasa.

ALAS PICANTES DE POLLO CON SALSA DE YOGURT DE POCA GRASA

Shanikah Rieara

10 dientes de ajo, cortados bastamente
2/3 taza raíz de jengibre, pelada y
   cortada en pedazos
4 jalapeños, 3 con, y 1 sin semillas
4 cucharaditas comino, molido
5 cucharadas semillas de culantro
1 chile habanero sin tallo
1 taza jugo de lima, recién exprimido
12-20 alas de pollo (dependiendo del
   tamaño)
1/2 taza pasta de tomate
1/4 taza yogurt natural

1. Mezcle los primeros 7 ingredientes en una mezcladora hasta que se suavicen. Ponga la mezcla a las alas y déjela marinar por 24 horas en el refrigerador.

2. Cuando esté listo para cocinar el pollo, caliente el horno a 350° F y ponga el pollo con la pasta de tomate y el yogurt.

3. Hornéelo por unos 35 minutos.

SIRVE 6

Salsa de yogurt

2 tazas de yogurt natural
2 cucharadas de culantro molido
1 cucharada de comino
1/4 taza cilantro, cortado finamente
sal y pimienta a gusto

1. Ponga todos los ingredientes en un recipiente, y bátalos con un batidor de alambre, hasta que se mezclen. Sazone con sal y pimienta.

El ceviche es un pescado crudo que se adoba en zumo de limón o lima con condimentos. La acidez del zumo "cocina" el pescado. Los pescados de carne blanca como la lubina, el mero o el pargo son los más comunes, pero se puede usar camarones u ostiones también. Siempre use pescado fresco cuando prepare ceviche.

CEVICHE TRONCONES
El Museo del Barrio, Julián Zugazagoitia

3/4 taza de jugo de lima recién exprimido

4 cucharadas de cilantro (o perejil), cortado finamente

2 cucharadas de aceite de oliva

8 dientes de ajo, cortados finamente

1 tomate, maduro, sin semillas y cortado finamente

1 cebolla roja, cortada finamente

2 ó 3 jalapeños, cortados finamente

1 libra de lubina (u otro pescado fresco de carne blanca)

1 aguacate, cortado en cubos finamente

aceitunas verdes (opcionales)

chips de tortilla

1. En un recipiente de metal o vidrio, mezcle la mitad del jugo con el cilantro, el aceite, el ajo, el tomate, la cebolla y los jalapeños.

2. Corte finamente la lubina en cubitos muy pequeños y póngalos en el recipiente. Mezcle delicadamente. Ponga el resto del jugo. Debe cubrir todo el pescado.

3. Tápelo con plástico y póngalo en el refrigerador por lo menos 2 horas. Cuando el pescado se pone opaco, ya está cocinado.

Antes de servir

4. Quítele el exceso de jugo. Añada los aguacates y las aceitunas y sírvalo en una fuente grande o en platos individuales. También se sirve sobre hojas de lechuga. Sal y pimienta a gusto. Cómalo con chips de tortilla.

SIRVE 6

Julián Zugazagoitia, director, El Museo del Barrio
Foto por Paola Paloscia

COMIDA PARA LLEVAR: DIEZ CONSEJOS BÁSICOS
de Stringer, Presidente del Condado de Manhattan

No van a encontrar una receta mía aquí porque, no podría decirles cómo hervir un huevo, por eso, he pensado que mejor compartiría con Uds. mi conocimiento acerca de una de las especialidades culinarias de Nueva York, una en la que tengo experiencia real: ordenar comida para llevar.

Como Presidente de Condado, tengo un horario muy agitado. Mi día típico empieza con desayuno camino a la oficina (generalmente café y avena), almuerzo entre reuniones (ensalada verde con pollo asado y aliño a un lado) y cena después de mi última cita (a menudo, sushi, excepto cuando estoy en East Harlem y no puedo resistir ir a cenar a Sabor Borinqueño, por el salmón estofado de José). Al menos eso es lo que como en mis días buenos.

Aquí están mis diez consejos básicos para llevar comida. Espero le ayuden a Ud. y a su familia a comer bien, aún y cuando no tenga tiempo para preparar una comida saludable en su cocina.

10. Coma vegetales. Pida sopa de vegetales cuando piense en eso, especialmente en invierno. Es una manera deliciosa y saludable de espantar el hambre.

9. Las cosas fritas son su enemigo. Avance de noticias: la comida frita sabe bien, pero su cuerpo estará más feliz si pide alimentos al vapor, asados o a la parrilla.

8. El pescado es su amigo. Haga del pescado fresco su ración de "carne" en algunas comidas. Aunque a mí me encanta el filete de salmón curado con pan de centeno, el pescado a la parrilla u horneado es la mejor alternativa de bajo contenido de grasa a la carne de res y el puerco.

7. Habitúese a pedir ensaladas como plato principal, mi almuerzo es una ensalada mixta varias veces. Alcachofas, frijoles y clara de huevo están en mi lista de ingredientes saludables favoritos.

6. Póngame el aliño aparte, por favor. Así se puede controlar el uso.

5. Rechace las raciones excesivas. Si de comer se trata, mucho de algo bueno es demasiado de algo bueno. A pesar de las admoniciones de su madre, no hay crimen en no terminar todo en su plato, o lo que compró en el restaurante para llevar. Guarde los restos para otro momento.

4. No es vergonzoso pedir del menú ligero. La mayoría de los restaurantes chinos ofrece un menú ligero de carnes y vegetales al vapor o asados. Otros restaurantes están viendo la luz (y es verde) y siguen el ejemplo. Pruébelo, se sentirá bien en la mañana.

3. Pida lo que sea saludable. Lo saludable es el último grito de la moda en la ciudad. Pregúntele a la persona que tome su orden por teléfono, cuales son las ofertas buenas para Ud. Probablemente aprenda algo nuevo.

2. Agua, agua en todas partes. El agua del grifo, el agua corriente en Nueva York es la mejor, beba ocho vasos de agua diarios.

1. Empiece a llamar: no encontrará mejores ofertas para llevar, más opciones que en ningún otro lugar del mundo. Y sólo está a una llamada. ¡Otra de las cosas que amo de Nueva York!

(Pida platos *Viva Verde* de los restaurantes que han colaborado con este libro. Vea la página 135.)

Scott Stringer, Presidente del Condado de Manhattan
Foto por Ryan Thatcher

SOPAS & ENSALADAS

SOPA DE GARBANZOS

Columbia Center for Children's Environmental Health,
Andria Reyes, M.A.

2 cucharadas aceite de oliva
1/4 taza sofrito (vea la receta abajo)
1 lata garbanzos 15 onzas
1/2 taza salsa de tomate
1 taza calabaza squash cortada en
    cubitos
1 taza zanahorias cortadas
1/4 taza hojas cilantro fresco, cortadas
sal

Sofrito

Haga un puré en un procesador de
    alimentos con los siguientes
    ingredientes:
1 cebolla blanca, pelada
1 pimiento verde, sin tallo ni semillas
10 dientes de ajo
4 hojas de cilantro
1/4 cucharadita orégano seco
1/4 cucharadita pimienta negra

El sofrito puede guardarse en el
refrigerador hasta 2 semanas o
congelarse para uso futuro.

1. Ponga aceite de oliva en una cazuela
   de fondo grueso.

2. A fuego mediano, cocine el sofrito
   hasta que crepite y comience a oler
   (cerca de 3 minutos).

3. Añada los garbanzos, salsa de tomate,
   la calabaza, zanahorias y 1/2 taza de
   agua. Espolvoree con las hojas de
   cilantro. Añada sal a gusto.

4. Póngalo todo a hervir a fuego lento
   por 35–40 minutos o hasta que los
   vegetales estén bien blandos.

El caldo puede tomarse solo o con arroz
blanco.

SIRVE 4

Andria Reyes, Columbia Center for Children's Environmental Health
Foto por Paula Ovadel

Las lentejas son ricas en folato, hierro, fibra y proteína. Son relativamente baratas, se cocinan rápidamente y sirven para hacer un buen caldo.

SOPA DE LENTEJAS
(V) Sandwich Bar

½ taza aceite de oliva
1 cebolla blanca, cortada
1 diente ajo grande, cortado en 4
   pedazos
1 libra lentejas
3 cucharadas comino
2 cucharadas de sabor de pollo
sal y pimienta a gusto

1. En una olla grande, caliente el aceite. Añada la cebolla y el ajo hasta que se ablanden.

2. Añada las lentejas, el comino y el sabor a pollo al aceite. Mezcle por 1 minuto.

3. Añada 5 tazas de agua a la olla. Cocine por 1 hora y 15 minutos a fuego lento.

4. Añada sal y pimienta a gusto.

SIRVE 8

LENTEJAS DE JARDÍN
Hope Community Inc., Robin Lebaron

1 ½ tazas lentejas francesas o puy (evite las lentejas-naranjas)
¼ cucharadita sal
1 pimiento
2 zanahorias medianas
1 calabacín pequeño
3 cebollinos
1 manojo perejil
1 naranja
2 limas
2 cucharadas de vino tinto (o vinagre de vino tinto)
½ taza nueces cortadas

1. Limpie y escurra las lentejas, póngalas en una cacerola grande y cúbralas con 4 tazas de agua. Déjela hervir.

2. Añada sal, tápela y cocine a fuego lento por 20–30 minutos. Revuelva frecuentemente mientras se cocina a fuego lento. Adicione agua si es necesario. Las lentejas están listas cuando no están crujientes, pero todavía conservan su forma y una textura firme. No las cocine demasiado.

3. Corte finamente los vegetales y frutas. Conserve una lima y unas ramitas de perejil para ornamentar.

4. Escurra las lentejas cuando terminen de cocinarse y póngalas en una fuente grande. Añada el vino y el jugo de la segunda lima a las lentejas. Después, añada las nueces, los vegetales y frutas cortados. Mézclelo todo completamente, pero con cuidado de no romper las lentejas.

5. Adorne con el perejil y sírvalo.

SIRVE 4–6

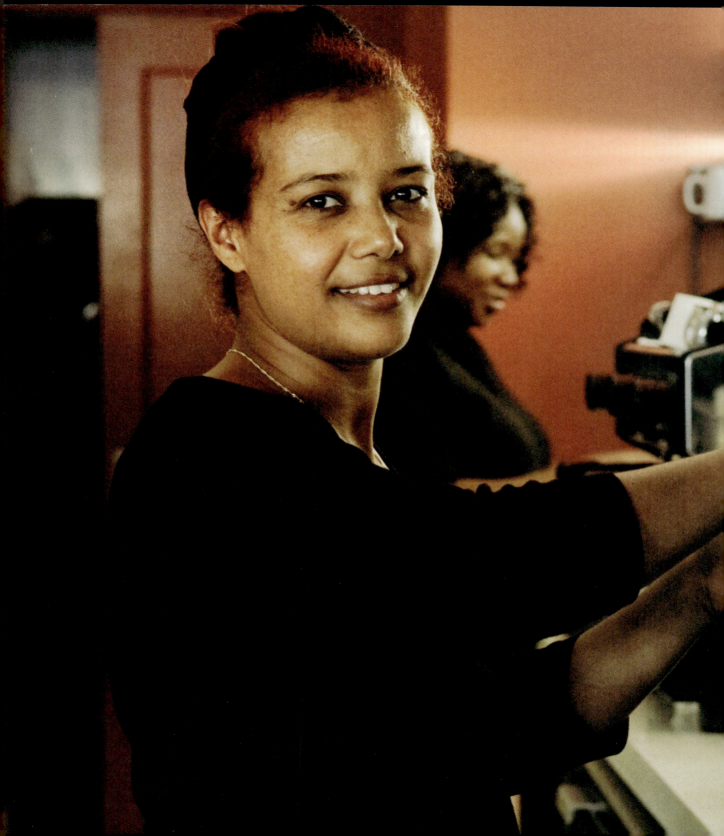

Si no tiene tiempo, busque alcachofas, judías y chícharos congelados para preparar este plato.

FRITTEDDA (Guiso Siciliano de Judías)
Settepani Bakery

3 libras de alcachofas
zumo de 1 limón
3 libras de judías frescas (si no hay, use
   judías enlatadas)
1 cebolla grande
aceite de oliva
1 1/2 libras de guisantes
sal y pimienta
hinojo silvestre (si no está disponible,
   use eneldo)

1. Lave las alcachofas, quítele las hojas duras y córtelas en rodajas finas. Póngalas en zumo de limón. Lave las habas.

2. Corte muy finamente la cebolla y sofríala en aceite. Escurra las alcachofas, séquelas y añádalas a la cebolla sofrita. Añada las judías. Cocine por 10 minutos. Añada agua si es necesario. Añada los guisantes.

3. Después de añadir todos los vegetales, cocine a fuego lento por 30 minutos. Revuelva frecuentemente y añada agua.

4. Sazone con sal y pimienta a gusto. Añada el eneldo o el hinojo silvestre. Mezcle bien. Sírvalo caliente o frío. Este plato puede servirse como aperitivo.

La frittedda puede utilizarse como salsa para pastas, para ello, utilice pasta corta.

1. Cocine la pasta siguiendo las instrucciones en el paquete.

2. Escurra la pasta. Ponga un poco de fritada en un sartén. Añada la pasta. Déjela terminar de cocinarse por algunos minutos. Sírvase caliente.

SIRVE 8

Tsega Measho, Settepani Bakery
Foto por Tom White

Para cortar un aguacate, secciónelo longitudinalmente hasta la semilla y rote las mitades. Utilice la punta de una cuchara para sacar la semilla. Puede utilizar la cuchara para sacarle la masa al aguacate o para quitarle la cáscara.

SOPA DE CHILE POBLANO Y FRIJOLES

Children's Aid Society, Stefania Patinella

3 cucharadas aceite de oliva o aceite canola

1 cebolla grande, cortada finamente

2 zanahorias, peladas y cortadas en pedazos medianos

1 papa grande, peleada y cortada en pedazos medianos

1 chile poblano, cortado en pedazos medianos

2 dientes ajo, cortados finamente

1 taza tomates cortados (frescos o enlatados)

1 mazorca de maíz, granos rallados (o ½ taza maíz congelado)

1 lata 15 onzas de frijoles pintos o negros, lavados y escurridos

1 puñado de espinacas frescas o acelgas, lavadas y cortadas toscamente

sal y pimienta recién molida a gusto

2 cucharadas perejil fresco, cortado

1 aguacate mediano, cortado

sírvala con tortilla chips horneadas (vea la página siguiente)

2 limas, cortadas en cuatro

1. Caliente el aceite en una cazuela mediana a fuego mediano-alto. Añada las cebollas y una pizca de sal, cocínelas hasta que se doren, de 8–10 minutos.

2. Añada las zanahorias y las papas y cocínelas por 1 minuto. Añada luego los chiles poblanos, el ajo, los tomates y el maíz. Sazone con otra pizca de sal y cocine por 5 minutos más, revolviéndolo con frecuencia para evitar que se pegue a la cazuela.

3. Añada 4 tazas de agua y póngala a hervir. Reduzca el calor y cubra la cazuela. Cocine a fuego lento por 10 minutos.

4. Añada los frijoles y la espinaca. Ponga sal y pimienta a gusto. Siga la cocción a fuego lento por 5 minutos. Apague la cocina después.

5. Con un cucharón sirva la sopa en cuencos. Póngales perejil, aguacate, las tortillas chips horneadas y un cuarto de limón al lado.

SIRVE 4–6

Estas tortillas son una merienda saludable excelente. Pruébelas con tortillas de harina integral y sírvalas con guacamole.

TORTILLAS HORNEADAS
Children's Aid Society, Stefania Patinella

Estas tortillas caseras son horneadas, no fritas. ¡Son sabrosas, crujientes y saludables también!

6 tortillas de maíz
3 cucharadas aceite de oliva
semillas de sésamo y/o semillas de amapola
paprika (pimentón dulce) o polvo de chile (opcional)
sal

1. Caliente el horno a 400° F.

2. Ponga aceite de oliva en ambos lados de las tortillas.

3. En uno de los lados, esparza las semillas, el pimentón o el polvo de chile y sal a gusto.

4. Corte la tortilla en 8 pedazos, como lo haría con una pizza.

5. Ponga los pedazos en una hoja de papel de hornear en capas individuales, con las semillas hacia arriba.

6. Hornee por 12–15 minutos o hasta que las tortillas se pongas doradas y crujientes.

RINDE 48 TORTILLAS

ATAKILT WETT (Caldo de Vegetales)
Zoma Restaurant

1 libra cebolla roja, cortada
1 taza aceite de oliva
1 libra zanahorias, cortadas
2 cabezas grandes de col verde, cortada
    finamente
1 papa grande, pelada y cortada en
    rodajas de ½ pulgada
6 dientes ajo, cortados
2 jalapeños suaves, cortados
sal y pimiente a gusto

1. En un recipiente grande, sofría las cebollas con 1 taza aceite de oliva o aceite de vegetales hasta que estén translúcidas y después añada las zanahorias, la col y las papas en este orden.

2. Añada 2-3 tazas de agua, los dientes de ajo y los jalapeños. Tápelo y déjelo cocinar a fuego lento por 30 minutos. Después sírvalo con pan integral, plano o arroz integral. Añadir sal y pimienta a gusto.

SIRVE 4

Henock Kejela, dueño, Zoma Restaurant
Foto por Paola Paloscia

El gazpacho es una sopa refrescante para un caluroso día de verano. Se pueden sustituir los pimientos amarillos por verdes o rojos en esta receta.

GAZPACHO DORADO ESTANDARTE DE COBE
Mt. Sinai Hospital, Dr. Burton Drayer

2 pimientos dulces amarillos
1 taza caldo frío de pollo sin grasa o de
   verduras
1/2 taza crema agria con poca grasa
2 cucharadas zumo de limón
2/3 taza uvas verdes sin semillas, lavadas
   y cortadas a la mitad
2/3 taza tomates cereza, cortado en
   cuatro
2/3 taza pepino inglés cortado en cubos
1/4 taza almendras tostadas, saladas y
   cortadas gruesas
2 cucharadas cilantro fresco, picado
2 cucharadas hojas frescas de menta
   picada
sal
pimienta molida fresca

1. Lave los pimientos, quíteles el tallo, las semillas y córtelos en trozos grandes.

2. En una licuadora combine los pimientos, el caldo, la crema agria y el zumo de limón. Bata hasta que esté suave. Cúbralo y póngalo en el refrigerador. (Se puede preparar un día antes).

3. Sirva con un cucharón en platos hondos. Sirva la misma porción de uvas, tomates, pepinos, almendras, cilantro y menta en cada plato. Añada sal y pimienta a gusto.

SIRVE 4

El licopeno, que ha demostrado proteger contra el cáncer, es mucho más asequible en los tomates cocidos, así que disfrute de la salsa y el jugo de tomate.

SOPA DE TOMATE NATURAL
SCHOP!

4 tomates medianos maduros
1 pepino de invernadero, sin semillas
2 mazos de apio
1 cebolla roja mediana
1 pimiento rojo sin corazón, ni semillas
2 dientes ajo, pelados y cortados
4 tazas jugo de tomate
3 cucharadas vinagre de vino tinto
1 cucharada aceite de oliva
sal

1. Corte la mitad de los tomates, el pepino, el apio, la cebolla y el pimiento. Añada el ajo, jugo de tomate, vinagre y aceite de oliva y haga un puré con todos los ingredientes en una mezcladora o procesador de alimentos hasta que estén suaves.

2. Corte los vegetales que queden.

3. Añada los vegetales cortados al puré. Ponga sal a gusto. Sírvalo bien frío con tajadas de aguacate o camarones al vapor.

SIRVE 6

SOPA FRESCA DE VERANO
Boma Coffee & Tea Co.

4 tomates grandes, cortados
2 pepinos, pelados y cortados
2 chiles cubanos, sin corazón y cortados
4 cebollas rojas, cortadas
1 ½ cucharaditas sal
½ cucharadita pimienta (blanca)
4 cucharadas aceite de oliva
3 dientes ajo, aplastados
1 cucharada perejil
zumo de 1 limón
½ taza crema agria con poca grasa
cebollino o cebolla verde finamente
   picados
½ taza vinagre de vino tinto

1. Mezcle todos los ingredientes y
   enfríelos por lo menos 6 horas o
   durante una noche.

2. Sirva en una fuente con una
   cucharada de crema agria en el centro
   y espolvoree con cebollinos.

SIRVE 4-6

Los fideos de cristal no son fideos tradicionales pues se hacen con la fécula de habas mung, que no contienen trigo. Estos fideos se encuentran en tiendas y mercados asiáticos y también se les llama habas de hilo, vermicelli o fideos de celofán.

PESCADO Y SOPA DE BERRO CON FIDEOS DE CRISTAL
Ginger

½ taza fideos de cristal
1 taza consomé de pollo
2 cucharaditas salsa de soya fina
½ libra filete de pescado de masa
   blanca (turbot o bacalao) cortado en
   pedazos 2–3
½ taza berro
cilantro fresco

1. Ponga en remojo en agua caliente los fideos de cristal hasta que se ablanden, séquelos y póngalos a un lado.

2. En un wok a fuego mediano, hierva el consomé de pollo, sazónelo con salsa de soya y añada el pescado y el berro.

3. Cocínelo todo hasta que el pescado se ponga blanco y opaco, entre 2–3 minutos dependiendo del tamaño del pez. Con una cuchara de madera, separe el pescado en pequeños pedazos cuando se esté cocinado.

4. Revuelva los fideos de cristal y cocínelos por 30 segundos. Sírvalo en un gran tazón y adórnelo con el cilantro.

SIRVE 2

Wei Xiong Hu, chef ejecutivo, Ginger
Foto por Ryan Thatcher

SANCOCHO (Caldo Español)
Asociación de Manzana de Calle 116, Sandra Vives-Ramos

2 yautías (raíz vegetal oriunda de Puerto Rico, que se cocina y come como ñame o papa)
1 yuca grande
6 papas
2 mazorcas de maíz
1 plátano verde (vianda)
1 manojo de culantro
cilantro
1 cebolla amarilla grande
1 pimiento, sin tallo y semillas, cortado longitudinalmente
1 1/2 libras carne de res (cubos de 1 1/2 pulgadas)
4 plátanos-fruta verdes
2 dientes ajo, cortados
sal y pimienta

1. Pele las yautías, yuca y patatas y córtelos en pedazos grandes. Corte el maíz y el plátano verde en rodajas. Corte el culantro, el cilantro, las cebollas y los pimientos.

2. En una olla grande añada agua suficiente para cubrir los pedazos de carne y déjela hervir.

3. Añada la carne al agua hirviente y cocine a fuego lento por 15 minutos.

4. Haga puré con los plátanos fruta y, con una cuchara, póngalo en el agua hirviente con la carne.

5. Añada todos los ingredientes al agua hirviendo y añada agua si es necesario. Cocine a fuego lento hasta que los ingredientes estén blandos. Añada sal y pimienta a gusto.

6. Sírvalo con arroz blanco y aguacate como acompañamiento.

SIRVE 6

Sandra Vives-Ramos, Asociación de Manzana de la Calle 116
Foto por Lara Alcántara

Los arándanos secos, conocidos también como craisins, son una excelente alternativa a las pasas. La mayoría de los arándanos secos, en especial los de las grandes empresas industriales, contienen azúcar e incluso aceite vegetal para evitar que se peguen. Por tanto, busque en las tiendas de productos naturales para conseguir mejores productos. Además de arándanos secos, cerezas secas, grosellas o moras son una buena adición a una ensalada.

ENSALADA DE LA HORA DEL TÉ
The Harlem Tea Room

2 libras ensalada primavera fresca
1/4 taza arándanos secos
1/2 taza tomates cereza cortados
1/4 taza queso feta desmenuzado
1 taza aliño de frambuesa a la vinagreta

1. Prepare la ensalada con los arándanos, los tomates y la mitad del queso.

2. Ponga el aliño en la ensalada y mézclelo. Asegúrese de no poner demasiado aliño, ya que éste debe servir como un ligero complemento a la ensalada.

3. Póngalo en una fuente para servir y adórnelo con el queso feta que quede. Sírvalo con rebanadas de pan de ajo calientes.

SIRVE 8

Patrice Clayton, dueña, The Harlem Tea Room
Foto por Lara Alcántara

ENSALADA CREOLE CON ALIÑO AGRIDULCE
Creole Restaurant & Music Supper Club

mesclun con verduras silvestres
  orgánicas
zanahorias ralladas
cebollas rojas
tomates de uva
1 cucharadita mayonesa
2 limones, zumo
1 cucharadita vinagre de vino tinto
pizca tomillo fresco
pizca albahaca seca
pizca orégano seco
pizca azúcar morena
1 cucharadita aceite de oliva

1. Ponga en un plato el mesclun con las verduras silvestres orgánicas.

2. Esparza las zanahorias ralladas, las cebollas y los tomates de uva sobre las verduras.

3. Cúbralo todo con el aliño agridulce: mezcle la mayonesa, el zumo de limón, el vinagre de vino tinto, pizcas de tomillo, albahaca, orégano, azúcar y el aceite de oliva. Póngalo todo en una fuente mediana y mézclelo.

SIRVE 1

Kevin Walters, CEO, Creole Restaurant & Music Supper Club
Foto por Ryan Thatcher

El hinojo es un vegetal que tiene la textura del apio y el sabor de regaliz o anís. Es una fuente excelente de vitamina C y fibra.

ENSALADA SICILIANA DE NARANJAS
Settepani Bakery

1 cebolla roja, mediana
sal de mar
1 cabeza hinojo
4 naranjas (normales o de pulpa roja)
15 aceitunas negras, deshuesadas
hojas de menta, picadas (guarde una
   entera para adornar)
pimienta negra recién molida
aceite de oliva

1. Corte la cebolla en rodajas y cúbrala con sal. Déjela reposar una noche. Lávela bien al día siguiente.

2. Lave el hinojo y córtelo en pedazos grandes. Pele las naranjas y córtelas en rodajas.

3. Ponga las naranjas en una fuente. Cúbralas con el hinojo y las cebollas. Añada las aceitunas y las hojas de menta. Sazone con pimienta y aceite. Mezcle todo.

4. Póngala en un recipiente hondo, adórnela con hojas de menta y sírvala.

SIRVE 6–8

Las nueces tienen el nivel más alto de grasas poli no-saturadas de todas las frutas secas, lo que ayuda a disminuir el nivel de colesterol LDL (conocido como colesterol malo) y a subir el nivel de colesterol HDL (conocido como buen colesterol).

ENSALADA DE FRUTAS CON VINAGRE BALSÁMICO DE CEREZA

DNST Services, Inc.

1 sandía pequeña
3 manzanas granny smith
1/2 libra higos
1/4 taza aceite de oliva con infusión de limón
1/4 taza vinagre balsámico con infusión de cereza o fresa (cualquier balsámico añejado por más de 8–10 años sirve por su dulzor)
1/2 libra de cerezas amarillas
1 taza nueces cortadas

1. Corte la sandía en cubitos de 1/2 pulgada. Corte las manzanas a la mitad y sáqueles el corazón. Después, córtelas en cubitos de 1/2 pulgada. Corte los higos a la mitad. Póngalo todo en un recipiente grande de cristal.

2. Eche el aceite con limón sobre las manzanas. Mezcle todo.

3. Añada el vinagre balsámico y mézclelo todo de nuevo.

4. Póngalo en el refrigerador por 20 minutos.

5. Añada las cerezas. Decore con las nueces y sírvalo.

SIRVE 8–10

Cualquier frijol sirve para esta receta, pruebe con Great Northern Beans, frijoles colorados de riñón o frijoles negros.

ENSALADA BLANCA VERANO FÁCIL
The Sandwich Shoppe

18 onzas (2 latas) frijoles cannellini (alubia)
1/2 cebolla roja, cortada finamente, como lunas
1 tallo de apio, cortado
1 diente ajo grande, cortado
1/4 taza perejil, de hoja plana, cortado
1/4 taza vinagre de vino blanco
1/3 taza de aceite de oliva extra virgen
1/2 cucharada de sal kosher
pimienta negra fresca molida a gusto

1. Lave y seque los frijoles. Combínelos con cebolla, apio, ajo y perejil.

2. Añada primero el vinagre, luego el aceite de oliva—es importante el orden porque los frijoles no absorberán el vinagre si pone el aceite primero.

3. Sazónelo a gusto con sal y pimienta. Cúbralo todo y póngalo en el refrigerador por 10 minutos, para que el sabor se conforme.

SIRVE 6

Nicholas "Bino" Rubino, dueño, The Sandwich Shoppe
Foto por Lara Alcántara

Hacer su propio aliño siempre es mejor que comprarlo hecho.
Varíe este plato reemplazando el aliño ranch con uno casero de
aceite de oliva, vinagre balsámico, mostaza Dijon, sal y pimienta.

ENSALADA DE PASTA Y MARISCOS
North General Hospital, Dr. Samuel J. Daniel

1 ½ libras pasta espiral (tricolor
   opcional)
1 libra ensalada de camarones
1 cucharadita condimento Old Bay
2 cucharadas mantequilla
1 diente ajo, cortado
1 libra carne muela de cangrejo cocinada
   (imitación opcional)
2 tomates frescos, cortados
½ pimiento amarillo, cortado
½ pimiento verde, cortado
12–16 onzas de aliño ranch con poca
   grasa
hojas de perejil
sal y pimienta (opcional)

1. Cocine la pasta, escúrrala y póngala
bajo agua fría corriente.

2. Sazone la ensalada de camarones con
condimento Old Bay y sofríala por 2–3
minutos en mantequilla y ajo fresco
hasta que se haga.

3. Mezcle todos los ingredientes en un
recipiente incluyendo los camarones
sofritos con mantequilla y ajo en un
recipiente grande.

4. Póngale el perejil.

Para mejor sabor póngalo la noche
anterior en el refrigerador y sírvalo frío.

SIRVE 8–10

Dr. Samuel J. Daniel, presidente y CEO, North General Hospital
Foto por Paola Paloscia

Los mariscos frescos son bajos en contenido de sodio por naturaleza. Pero quien tenga que restringir el consumo de sodio, debe limitar también el consumo de mariscos procesados que estén ahumados o curados.

ENSALADA DE BACALAO
La Fonda Boricua

1 libra bacalao seco y salado
1 cebolla grande, cortada
1 pimiento verde, cortado
1 pimiento rojo, cortado
1 tomate, cortado
1/4 taza aceitunas
1/2 cucharadita de pimienta negra
2 hojas de laurel
3/4 taza aceite de oliva
pizca pimienta negra
2 huevos grandes, hervidos y cortados

1. Deje reposar el bacalao una noche en agua fría o por algunas horas antes de prepararlo.

2. Hiérvalo por lo menos una vez, probando el contenido de sal. Si es necesario, cambie el agua y hiérvela de nuevo hasta que tenga el contenido de sal que le guste.

3. Corte el bacalao con las manos. Déjelo enfriar 1 hora en el refrigerador.

4. Mezcle la cebolla, los pimientos, el tomate, las aceitunas, la pimienta, las hojas de laurel y 1/4 taza de aceite en una cazuela hasta que las cebollas y los pimientos se ablanden y adoben.

5. Ponga el bacalao frío en otro recipiente. Añada 1/2 taza de aceite de oliva y una pizca de pimienta.

6. Añada la cebolla y el adobo al bacalao.

7. Ponga los huevos cortados para decorar.

SIRVE 4–5

Jorge Antonio Ayala
Foto por Ryan Thatcher

Los cebollinos son de la misma familia de la cebolla y contienen compuestos de azufre que diluyen la sangre, combatiendo las enfermedades cardiacas y aumentando los niveles de colesterol bueno.

ENSALADA DE SALMÓN AHUMADO
Orbit East Harlem

12 onzas salmón ahumado, cortado a la julianne
1/2 libra lechuga romana, cortada a la julianne
1/2 taza vinagreta de alcaparras (vea abajo)
2 rebanadas de pan integral o multigrano, tostado y cortado en triángulos

1. Ponga el salmón ahumado y la lechuga en un recipiente pequeño. Aderece con la vinagreta de alcaparra y sirva con las tostadas.

SIRVE 4

Vinagreta de alcaparras
1/4 taza alcaparras escurridas
1 taza zumo de limón recién exprimido
1 limón, la ralladura de la cáscara
1 taza aceite de oliva extra virgen
sal y pimienta a gusto
2 cucharadas cebollinos cortados

1. Añada todo excepto los cebollinos en una batidora y mezcle por 35 segundos. Apague la batidora y añada los cebollinos.

Foto por Lara Alcántara

Usted puede sustituir cualquiera de las verduras para los ingredientes en esta receta, experimente con berro, endivia, mesclun o lechuga de Boston.

ENSALADA VIVA VERDE
Melba's

4 pechugas de pollo sin huesos
sal y pimienta
mostaza
2 mazorcas de maíz tierno
2 cucharadas aceite de oliva
½ ají verde pequeño
½ pimiento rojo pequeño
1 cebolla verde pequeña
4 dientes ajo
¼ lechuga repollo
8 hojas lechuga romana
4 onzas espinaca (baby)
4 onzas arúgula (baby)

1. Ponga sal y pimienta al pollo y úntelo con mostaza. Déjelo por 15 minutos.

2. Desgrane las mazorcas de maíz y sofría los granos en aceite a fuego lento. Déle vueltas hasta que se cocinen (unos 7 minutos). Déjelos enfriarse.

3. Corte los pimientos y cebollas en pequeños cubos y póngalos con el maíz frío.

4. Aplaste el ajo con un cuchillo. Sofría el pollo por un lado por 4 minutos a fuego mediano. Baje la llama y déle vuelta al pollo. Añada el ajo al sartén y revuélvalo, con cuidado de no quemarlo. Cocine la otra mitad del pollo hasta que pierda el color rosado. Después de sacar el pollo del sartén, restriegue el ajo en la cazuela y añada 1 cucharada de agua (o vino blanco, si prefiere) para quitar el glaseado. Corte el pollo en tiras y añada el ajo.

5. Corte la lechuga repollo y la romana en tiras. Junte el repollo, la lechuga romana, la arúgula y la espinaca.

6. Ponga en un plato una mezcla de las verduras mixtas. Añada una cucharada de la mezcla de maíz, pimienta y cebolla. Ponga las tiras de pollo sobre el maíz y utilice su aliño preferido.

SIRVE 4

Melba Wilson, dueña, Melba's, Eric Misilagi y Michael Davis
Foto por Paola Paloscia

El brócoli crudo es una excelente fuente de vitamina C, el tallo y los cogollos tienen propiedades anticancerígenas, así que utilícelo todo cuando lo prepare.

ENSALADA DE PASTA DE POLLO
Hope Community, Inc., Carmen Vásquez

3 1/2 tazas pasta fusilli
1 1/2 tazas pollo cortado cocinado
1 1/2 tazas cogollos frescos de brócoli
1 1/2 tazas coliflor, cortada
3/4 taza zanahoria, cortada
1/2 taza cebolla blanca cortada
1 taza aliño italiano cremoso
2 tazas de tomate fresco, cortado en
   cubitos
sal y pimienta a gusto

1. Cocine la pasta según las indicaciones del paquete.

2. Lávela y escúrrala con agua fría y déjela enfriar.

3. Mezcle todos los ingredientes excepto los tomates y aliño. Ponga 1/2 taza de aliño y los tomates y mézclelo de nuevo. Cúbralo y enfríelo por 1 hora.

4. Añada el resto del aliño. Sazone con sal y pimienta a gusto. Mézclelo y sírvala.

SIRVE 6

Robin Lebaron, director ejecutivo, y Carmen Vásquez, Hope Community Inc.
Foto por Lara Alcántara

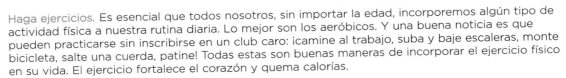

Una nota del Dr. Adam Aponte sobre obesidad, ejercicios y dieta
ESCUCHE AL DOCTOR

Dr. Adam Aponte, Director Médico, North General Diagnostic & Treatment Center

Como pediatra, estoy muy preocupado por la alta tasa de obesidad infantil en East Harlem. Algunas áreas de nuestra comunidad tienen más lugares de comida rápida que supermercados o tiendas de vegetales. Un solo plato de comida rápida contiene más calorías que las recomendadas para un día, así que, imaginen lo que será ingerir comida rápida dos o tres veces al día.

Diabetes y obesidad van de la mano. En North General han empezado a atender a chicos y chicas de 7 años de edad que pesan más de 150 libras y están desarrollando diabetes de tipo II, enfermedad que se encontraba sólo en adultos. Lamentablemente, incluso un diabético que haga todo lo posible para controlar su padecimiento tendrá, no obstante pésimos prospectos de salud a largo plazo.

Haga ejercicios. Es esencial que todos nosotros, sin importar la edad, incorporemos algún tipo de actividad física a nuestra rutina diaria. Lo mejor son los aeróbicos. Y una buena noticia es que pueden practicarse sin inscribirse en un club caro: ¡camine al trabajo, suba y baje escaleras, monte bicicleta, salte una cuerda, patine! Todas estas son buenas maneras de incorporar el ejercicio físico en su vida. El ejercicio fortalece el corazón y quema calorías.

Ingiera raciones menores; coma más frutas y vegetales; evite la comida basura. En nuestra sociedad de excesos se nos enseña que más es siempre mejor. Cuando se trata de nutrición, esa es una receta para el desastre. Si usted es como la mayoría de la gente, probablemente coma demasiadas grasas y bebidas edulcoradas, y muy pocas frutas y vegetales. Reducir el exceso de grasa y azúcar, beber leche con poca grasa, y limitar o eliminar del todo la comida basura, le reportará grandes beneficios de salud.

Para controlar el tamaño de las raciones, utilice platos más pequeños y coma raciones individuales, no en grandes bolsas o cajas. Una medida elemental para servir carnes es unas tres onzas—el tamaño de un juego de barajas. Beba mucha agua, y si después de comer aún tiene hambre, pruebe un bocadillo saludable, frutas frescas o vegetales. Habitúese a comer sólo cuando tenga hambre, y evite ingerir meriendas innecesarias cuando mire televisión.

Yo sé que es más fácil decir todo esto que hacerlo, pero una combinación de estas recomendaciones, seguramente le pondrá en el camino para alcanzar un peso más saludable. Si su peso corporal sigue siendo un problema, hable con su médico para que le ponga una dieta a su medida.

Dr. Adam Aponte, director médico, North General Diagnostic & Treatment Center
Foto por Paola Paloscia

PLATOS PRINCIPALES

Pruebe el lingüini integral con su salsa de almejas. La pasta integral contiene 4–7 gramos de fibra y 7–10 gramos de proteína por cada 2 onzas secas. Busque pasta que sea hecha con harina integral de trigo, o pasta hecha con arroz integral, que puede encontrarse en muchas tiendas de alimentos naturales.

EL LINGÜINI CON SALSA DE ALMEJAS DE PATSY
Patsy's Pizzería

2 cucharadas aceite de oliva
pizca de sal
pizca de pimienta
3–4 dientes ajo picados
12–14 almejas frescas
1/2 taza caldo de pollo
1/2 taza vino blanco
2–3 hojas laurel
12 onzas lingüini, cocinado

1. Caliente el sartén con aceite de oliva. Añada sal, pimienta y ajo picado. Cocínelo a fuego lento hasta que se dore.

2. Añada las almejas y el caldo de pollo junto con el vino blanco y las hojas de laurel.

3. Déjelo cocinar por 8–10 minutos y añádalo a la pasta.

SIRVE 2–3

Foto por Paula Ovadel

Los pepperoncini son conocidos como pimientos dulces italianos, o pimientos dorados griegos. Cuando estos pimientos se maduran se ponen rojos y son muy populares para hacer encurtido. Tienen un sabor delicado y agridulce. Habitualmente se conservan en frascos.

ALMEJAS LITTLENECK À LA PIATTO D'ORO
Piatto d'Oro

1/4 taza de aceite de oliva
4 dientes de ajo, cortados
3 docenas de almejas little neck, bien
  lavadas
3/4 taza de vino blanco
1 taza de jugo de almeja
2 tomates italianos, exprimidos
2 pepperoncini rojos
1/4 taza perejil fresco
2 pimientos rojos, rallados
sal y pimienta
1 libra de lingüini

1. Caliente el aceite en un sartén grande con tapa. Añada el ajo y luego las almejas. Sofría y cúbralo hasta que las almejas se abran.

2. Luego, añada el vino y el jugo de almeja, remuévalo.

3. Después añada los tomates, los pepperoncini, el perejil y los pimientos. Siga revolviéndolo.

4. Finalmente, añada sal y pimienta a gusto y sírvalo con el lingüini.

SIRVE 4

Foto por Paola Paloscia

TORTAS DE CANGREJO
Ricardo's Steak House

2 calabacines
1 libra masa de cangrejo
1 cucharada alcaparras
1 taza mayonesa
½ taza ketchup
½ cucharada salsa Tabasco
1 cucharada salsa Worcestershire
sal y pimienta
3 tazas migas de pan
2 cucharadas aceite vegetal

1. Pele los calabacines y guarde la cáscara. Elimine el resto, corte la cáscara. En un recipiente mezcle todos los ingredientes excepto las migas de pan, añada sal y pimienta a gusto.

2. Prepare las tortas en un molde de acero inoxidable redondo de 2 pulgadas de ancho por 1 pulgada de hondo. Ponga las migas de pan para que los ingredientes se cohesionen.

3. Caliente el aceite vegetal en un sartén a fuego mediano. Cocine las tortas de cangrejo, volteándolas hasta que se doren.

4. Termine de cocinarlas en el horno por 5 minutos a 350° F.

5. Sírvalas con ensalada de arúgula y tomate y cubra las tortas con guacamole.

SIRVE 6

Walfred Hernandez, Mario Escamilla, Eldidio Escamilla y Daniel Flores, chefs, Ricardo's Steak House
Foto por Hyla Skopitz

SIN AZÚCAR

Puede reemplazarse el queso ricotta por la misma cantidad de queso blanco o tofu seda.

LENGUADO RELLENO
One Fish Two Fish Restaurant

1 paquete espinaca congelada o 1 bolsa espinaca fresca (baby) lavada y cortada
1 taza queso ricotta
1/2 taza queso mozarela desnatado rallado
4 dientes ajo, pelados y cortados
1 cucharadita sal o un sustituto
1 cucharadita pimienta negra fresca
4 filetes 8 onzas de lenguado
1/2 taza vino blanco seco
4 cucharaditas aceite de oliva
1/2 ramo de hojas perejil cortado finamente
1 limón cortado en 4 cuñas

1. Descongele la espinaca y extráigale el exceso de agua.

2. En un plato hondo grande mezcle la espinaca seca, el ricota, el mozarela, el ajo picado, sal y pimienta hasta que la mezcla esté firme, formando un relleno de espinaca.

3. Extienda los filetes en una bandeja ligeramente engrasada con aceite de oliva.

4. Divida el relleno en 4 secciones. Haga bolas con el relleno.

5. Ponga el relleno en una punta del filete más cercano a Ud. Enrolle el filete en dirección opuesta hasta que forme un rollo. Ruédelo firme, pero cuidadosamente.

6. Rocíe los filetes enrollados ligeramente con vino blanco y aceite de oliva. Póngalo en el medio del horno a 375° F por 20 minutos hasta que el relleno se caliente.

7. Déjelo reposar 5 minutos. Cúbralo con perejil cortado y adórnelo con las cuñas de limón. Exprima zumo de limón sobre el lenguado estofado y sírvalo.

SIRVE 4

Foto por Paola Paloscia

Ciabatta significa "zapatilla" en italiano y se emplea para describir la forma de este pan. El ciabatta es un pan rústico con una corteza dura y puede intercambiarse o alternarse con el pan italiano o el francés.

PESCADO EN AGUA PAZZA (Agua Loca)
Flash Inn

2 pargos rojos o lubinas rayadas enteros,
   2 ½ libras cada uno, limpios
sal y pimienta fresca molida
4 cucharadas aceite de oliva
4 ramitas perejil italiano
1 ramita mejorana
1 bulbo hinojo, cortado y picado
   finamente
2 dientes ajo, picados finamente
1 cucharadita pimiento chile cortado
1 bulbo cebollino
½ taza vino seco blanco
1 taza tomates cereza
4 rebanadas ciabatta, tostados

1. Caliente el horno a 375° F.

2. Frote el pescado (por dentro y por fuera) con sal y pimienta y 1 cucharada aceite de oliva.

3. Ponga el pescado en una bandeja para hornear grande con el perejil, la mejorana, el hinojo, el ajo, el chile, el cebollino y el resto del aceite de oliva. Cocínelo en el horno por 10 minutos.

4. Añada el vino blanco y los tomates y póngalo de nuevo en el horno por 15 minutos.

5. Sáquelo del horno y póngalo a un lado por 5–10 minutos. Córtelo en filetes y póngalos en una fuente. Vierta la salsa sobre los filetes, ponga el pan tostado a un lado y sírvalo.

SIRVE 6

Joseph Merenda, dueño, Flash Inn
Foto por Tom White

El mero o algún tipo de bacalao pueden sustituir fácilmente al pargo. Pregunte en la pescadería cuál es el pescado más fresco del día y úselo.

SALAMOURA
Three Guys Restaurant

½ taza aceite de oliva
3 cucharadas zumo de limón fresco
½ cucharadita orégano fresco
sal y pimienta
1 pargo entero de 1 libra

1. Para preparar la salsa, bata, aceite de oliva, zumo de limón, orégano fresco, sal, pimienta y 2 cucharadas de agua en un plato hondo hasta que se haga crema.

2. Haga 3 cortes en el pescado cerca del espinazo. Ponga la mitad de la salsa al pescado y áselo 7 minutos en una cacerola de aluminio sin tapa.

3. Sáquelo y voltéelo. Échele la salsa de la cacerola por encima. Áselo otros 7 minutos.

4. Saque el pescado y cúbralo con papel de aluminio. Áselo de nuevo por 10–15 minutos. El tiempo de cocción depende del tamaño del pescado. Para probar si está hecho, hinque un tenedor en el pescado, si el tenedor sale fácilmente ya está.

5. Después de asarlo, eche la otra mitad de la salsa por encima y sírvalo.

SIRVE 2

Kostas Athanasiou, dueño, Three Guys Restaurant
Foto por Paola Paloscia

Guarde las semillas de la papaya para usarlas como condimento. Póngalas en un molinillo de pimienta para reemplazar la pimienta negra. Estas semillas son buenas también para la digestión.

SALMÓN RELLENO À LA TROPICAL
Sabor Borinqueño

8 onzas filete salmón
pizca sal
pizca pimienta negra
pizca hojuelas de orégano fresco
1/2 taza mango, cortado
1/2 taza piña, cortada
1/2 taza papaya, cortada

1. Tome el filete de salmón y hágale incisiones con un cuchillo afilado.

2. Adobe el salmón con sal, pimienta y orégano.

3. Mezcle las frutas y sofríalas en sus jugos naturales por 1 minuto a fuego medio. Ponga las frutas en las incisiones del salmón.

4. Después de rellenar el salmón con las frutas, póngalo en el horno a 450° F por 10–12 minutos.

5. Extraiga el salmón y viértale el jugo que quede en el sartén. Guarnézcalo con fruta cortada y sírvalo.

SIRVE 1

José Galarza y América Guadalupe, Sabor Borinqueño
Foto por Paola Paloscia

Sirva este plato con arroz salvaje y un vegetal verde cocido al vapor para tener una comida colorida.

SALMONE ACETO
Piatto d'Oro

8 cucharadas aceite de oliva
4 filetes salmón salvaje de 6 onzas
1/2 taza jugo de almeja
2 limones frescos, exprimidos
1/2 libra hongos shiitake, cortados finamente
4 cucharadas vinagre rojo
1/4 cebolla española, cortada finamente
2 tazas vino blanco
sal y pimienta
4 tazas espinacas sofritas

1. Caliente el aceite en un sartén grande. Añada los filetes. Cocine por 5 minutos a fuego alto, voltéelos una vez.

2. Baje el fuego y añada el jugo de almejas, zumo de limón, los hongos, el vinagre, las cebollas, el vino, sal y pimienta. Cúbralo y cocine a fuego lento por 5–10 minutos, hasta que se cocine completamente.

3. Sírvalo con las espinacas sofritas.

SIRVE 4

SALMÓN SÉPTIMO CIELO
DNST Services, Inc.

1 paquete pasta multigrano o tricolor
3 cucharadas aceite de oliva
1 cucharadita sal
1/2 cucharadita pimienta negra molida
3 cucharaditas ajo cortado
4–6 tomates ciruelas o italianos, cortados
4 filetes salmón de 4 onzas
1/2 taza pimientos verdes, cortados
1/2 taza pimientos rojos, cortados
1/2 taza pimientos amarillos, cortados
1/4 taza cebolla, cortada
3/4 taza maíz integral
3/4 taza de habichuelas dulces
1 taza frijoles negros, escurridos

1. Cocine la pasta según las indicaciones del paquete. Échele agua fría para enfriarla rápidamente, escúrrala bien, póngala a un lado.

2. Caliente el horno a 375° F. En un recipiente pequeño, mezcle el aceite, la sal, la pimienta, el ajo y los tomates. Póngalo a un lado.

3. Pase un poco de aceite por los filetes de salmón, póngalos en una bandeja grande para hornear, ponga aceite para engrasarla. Hornéelo a 350° F por 15 minutos o hasta que se ablande.

4. En un recipiente grande, mezcle la pasta enfriada y los ingredientes que quedan. Vierta la mezcla de aceite y tomate en la pasta y mézclelo todo. Añada el salmón y sírvalo caliente o frío.

SIRVE 4

MOFONGO VEGETARIANO CAMARADAS
Camaradas el Barrio

1 plátano verde
1 yuca
1 fruta de pan
1 cucharadita sal
4 dientes ajo pelados
1 cucharada aceite de oliva
1/2 taza pimientos rojos, cortados
1/2 taza cebolla española
2 onzas mojito de ajo
2 tajadas de queso suizo

1. Pele el plátano, la yuca y la fruta de pan. Córtelos en tajadas de 1 pulgada. Remójelo todo 15 minutos en sal y agua. Séquelo bien.

2. Caliente aceite libre de ácidos grasos transfat en una sartén grande hasta que se caliente pero no se vuele. Añada la yuca, el fruto del pan y las rodajas de plátano y fríalo por 15 minutos, con cuidado de que no se tueste. Póngalo en un papel toalla.

3. En un mortero machuque los dientes de ajo y rocíelos con sal. Añada aceite de oliva a la mezcla y siga machucándola hasta que se haga pulpa. Sáquelo del mortero y páselo a un recipiente pequeño.

4. Aplaste una parte de los plátanos fritos, la yuca y el fruto del pan en el mismo mortero. Añada parte de la mezcla de ajo y aceite de oliva y siga machucando: ese es el mofongo.

5. Combine el mofongo con pimientos, cebollas y mojito de ajo en una olla caliente. Cocínelo hasta que el mojito se absorba totalmente. Ponga queso encima de la mezcla hasta que se derrita.

6. Conforme una bola con los ingredientes y póngala en una bandeja para hornear a 325° F y manténgala caliente hasta que esté listo para servirlo.

7. Repita los pasos 4, 5 y 6 hasta que use todos los ingredientes.

Sugerencias para servirlo: Sirva el mofongo en un pilón de madera (mortero). Si no consigue uno, puede servirlo en una fuente con un aderezo de vegetales diversos y aliño de ajo a la vinagreta.

SIRVE 4

Joseph Brodsky, Camaradas el Barrio
Foto por Paola Paloscia

Media taza de okra o quimbombó cocinado le provee de 2 gramos de fibra. La mitad de esa fibra es soluble, lo que ayuda a reducir el colesterol sérico. La otra mitad es insoluble, lo que ayuda a mantener su vía intestinal sana. El quimbombó también provee ácido fólico y vitamina B6.

CALDO DE QUIMBOMBÓ
Creole Restaurant & Music Supper Club

Una delicia familiar muy saludable y si se cocina bien, la pegajosidad del quimbombó cocido no será un problema y los más pequeños de la familia lo disfrutarán.

1 taza arroz integral
1 taza caldo de vegetales
1 puñado quimbombó tierno
1 pimiento rojo, sin tallo y cortado
1 pimiento verde, sin tallo y cortado
1/2 cucharadita pimienta de Cayena
1 diente ajo, fresco y cortado finamente
1 cucharadita ajo en polvo
1/2 cucharadita pimentón
1 cucharadita chile en polvo
pizca comino
pizca albahaca
3 pizcas perejil
pizca orégano
1/2 cucharadita de gumbo file

1. En un caldero pequeño con agua ponga el arroz, 1/4 taza caldo de vegetales y póngalo a hervir. Déjelo a fuego lento por 40 minutos hasta que el arroz se ablande.

2. Lave y corte el quimbombó en pedazos de 1/2 pulgada. Ponga el quimbombó en un caldero pequeño con agua hirviendo, cocínelo por 30 segundos. Quítelo del fuego y escúrralo.

3. En un sartén grande, añada 1/8 taza caldo de vegetales, el quimbombó cocinado, los pimientos y cocine a fuego medio hasta que huela el aroma de la mezcla. Entonces, páselo a un caldero pequeño. Páselo a un caldero pequeño.

4. Añada el resto del caldo de vegetales al caldero y déjelo hervir. Añada los condimentos menos el gumbo file, mientras lo revuelve.

5. Revolviendo la mezcla, cocine hasta que el quimbombó se ponga oscuro y añada el gumbo file.

6. Cocínelo por 10 minutos. Sírvalo con arroz integral.

SIRVE 4

VEGETARIANO

Lo mejor del faux chicken es que, bueno, es falso. Se hace con soya y es excelente para el organismo y tampoco requiere cocción.

CHICK'N DUMPLINGS
Jewel Aja Johnson

2 tazas caldo de vegetales
2 manojos de apio, cortados
1/2 cebolla, rallada finamente
1 zanahoria grande, cortada en trozos
1 taza faux chicken (pollo de soya)
1/4 paquete masas de pan
1 cucharada perejil
pizca sal
pizca pimienta

1. Siempre pongo el caldo a fuego lento primero, así me da tiempo para cortar los vegetales. Vigile el caldero mientras prepara los vegetales porque puede evaporarse el líquido. Añada los vegetales cortados al caldero, junto con el perejil, sal y pimienta.

2. Añada el pollo de soya al caldero y espere 10 minutos hasta que se cocine y los sabores se junten, ya podrá sentir los olores.

3. Por último, corte cada masa de pan en 4 partes, haga bolas con ellas y ponga una por una en la caldera, removiendo cada vez. Espere 15 minutos hasta que el caldo esté listo. Si le gusta más espeso, añada arroz y tofu seda.

SIRVE 4

Muchos de los aderezos y aliños comprados en los mercados tienen azúcar e ingredientes artificiales. Prepare su propio aliño italiano juntando 2 dientes de ajo cortados, una cucharadita de mostaza, tarragona y mejorana en polvo, ½ cucharadita de sal, ¼ cucharadita de pimienta negra, ½ taza de aceite de oliva y 2 cucharaditas de vinagre de vino tinto. Mezcle todos los ingredientes en un frasco y agítelos bien. Duplique la cantidad de ingredientes, para tener un aliño extra para ensaladas. Puede utilizar diversos vinagres (balsámico o cidra de manzana) para cambiar el sabor del aliño.

POLLO HORNEADO CON MIEL
Junta Comunitaria 11, Robert Rodríguez y Edith J. Delerme

2 libras muslos de pollo deshuesados (aproximadamente 12 pedazos)
1 taza vinagre vino tinto o jugo de 4 limas
2 cucharadas pasta de ajo
1 cucharada pimienta
1 cucharada perejil
1 cucharada orégano seco
½ taza aliño italiano ligero
1 taza miel

1. Lave el pollo con el vinagre de vino tinto o el jugo de lima. Quite la piel del pollo.

2. Adobe los muslos de pollo la noche anterior con la pasta de ajo, la pimienta, el perejil, el orégano y el aliño italiano en una bolsa de plástico.

3. Ponga el pollo en un molde para hornear o una bandeja de aluminio y cocínelo a 350° F.

4. Después de 20 minutos, con una brocha o una cuchara restriegue la miel en el pollo. Mientras se cocine el pollo siga cubriéndolo con la salsa en el molde. Déjelo cocinar por 5 minutos, después dé la vuelta al pollo.

5. En el otro lado del pollo haga lo mismo y cocínelo por 20 minutos más hasta que se dore.

SIRVE 4–6

Robert Rodríguez, presidente, Junta Comunitaria 11, y Judy Rodríguez
Foto por Paola Paloscia

En lugar de hongos enlatados, puede usar hongos frescos, cortados y sofritos en aceite de oliva; lo que se pierde en crema, se gane en beneficios de salud al no usar productos lácteos. En lugar de la Sazón Goya, use una mezcla casera de chile en polvo, hierbas y condimentos.

CREMA DE POLLO CON FRUTAS
Asociación de Vecinos y Propietarios Wagner, Katie Harris

6–8 pedazos de pollo
polvo de cebolla y ajo
Sazón Goya
1 lata de crema de hongos
1 libra uvas verdes sin semillas

1. Lave y sazone los pedazos de pollo con la cebolla y el ajo en polvo. Sazone ligera, pero totalmente. Espolvoree Sazón Goya en el pollo. Ponga los pedazos con la piel hacia arriba y bien juntos en una cacerola.

2. Añada cucharadas de la crema (sin añadir agua) en cada pedazo (1 cucharada a cada uno). Cúbralo y hornee a 350° F por 35 minutos.

3. Añada la sopa de hongos que queda y las uvas lavadas. Tápelo y hornee por cerca de 15 minutos.

4. Cuando las uvas se cocinen al vapor y estén hirviendo en la salsa, destape el recipiente y déjelo a un lado por cerca de 10 minutos para que se espese.

5. Sírvalo con pastas, brócoli cocido al vapor y zanahorias (baby) glaseadas.

SIRVE 4–6

Katie Harris, presidenta, Asociación de Vecinos y Propietarios Wagner
Foto por Andre Watts

Para ahorrarse un paso en esta receta, use un pollo que ya esté cortado en cuartos u octavos. Ahorre grasa y calorías quitándole la piel al pollo antes de comerlo.

EL FAMOSO POLLO AL LIMÓN DE RAO
Rao's Restaurant

2 pollos para asar (de 2 $1/2$-3 libras)
Salsa de limón (vea abajo)
$1/4$ taza perejil italiano cortado

1. Para alcanzar la temperatura máxima, caliente el horno al menos 15 minutos antes de utilizarlo.

2. Ase las mitades de pollo, déles vuelta una vez, por unos 30 minutos o hasta que la piel se ponga dorada y salga jugo claro cuando se hinque con un tenedor.

3. Saque el pollo del horno, pero déjelo encendido. Con un cuchillo bien afilado, corte cada mitad en 6 pedazos (muslos, alas, 3 pechugas pequeñas).

4. Ponga el pollo en una bandeja de hornear con lados que quepa en el horno. Vierta la salsa de limón sobre el pollo y aderécelo bien. Si es necesario, divida la salsa y prepare 2 tandas de cocción.

5. Regréselo al horno y áselo por 3 minutos. Voltee cada pieza y ásela por 1 minuto más.

6. Luego, sáquelo del horno y ponga los pedazos en 6 platos.

7. Ponga la salsa de la bandeja en una cacerola grande y sólida. Añada perejil y póngalo a fuego alto por 1 minuto. Vierta una cantidad igual de salsa sobre cada trozo de pollo y sírvalo con mucho pan de corteza dura para que absorba la salsa.

SIRVE 6

Salsa de limón
2 tazas zumo de limón
1 taza aceite de oliva
1 cucharada vinagre de vino tinto
1 $1/2$ cucharaditas ajo picado
$1/2$ cucharadita orégano seco
sal y pimienta a gusto

1. Mezcla todos los ingredientes en un recipiente. Cúbralo y póngalo en el refrigerador hasta que se vaya a consumir. Agítelo con fuerza antes de usarlo.

El mole es una salsa oscura y rica que se sirve usualmente con productos avícolas. Es una mezcla de cebolla, ajo, chiles y semillas de ajonjolí o de calabaza molidas y un poco de chocolate. Investigaciones recientes sugieren que pequeñas cantidades de chocolate negro pueden tener resultados beneficiosos para la salud tales como la disminución del colesterol y de la presión sanguínea.

POLLO A LA PARRILLA CON MOLE, PIMIENTOS Y CEBOLLAS

Departamento de Salud e Higiene Mental de Nueva York, Dr. Andrew Goodman

1 1/2 tazas mole
1 1/2 libras pechuga y/o muslos de pollo deshuesados y sin piel, cortados en trozos de 2 1/2 pulgadas
1 pimiento rojo, cortado longitudinalmente en trozos de 1/2 pulgada
1 pimiento verde, cortado longitudinalmente en trozos de 1/2 pulgada
1 cebolla roja mediana, cortada longitudinalmente en trozos de 1/2 pulgada
1 jalapeño, cortado

Acompañamiento: pan de pita tostado o tortillas con arroz

1. Caliente la parrilla. Ponga papel de aluminio en un molde grande plano para hornear.

2. Mezcle el mole con el pollo y los vegetales en un recipiente grande.

3. Póngalo espaciadamente en el molde y cocínelo a la parilla de 4–6 pulgadas separado del calor, removiendo una o dos veces, hasta que el pollo se cocine completamente y los vegetales se quemen un poco, cerca de 8–10 minutos.

SIRVE 4

PECHUGA DE POLLO ASADA A LO ASIÁTICO

James García

3 dientes ajo, cortados
2 cucharadas salsa de pescado
2 cucharadas melaza
2 cucharadas zumo de limón
1 cucharada aceite de ajonjolí oscuro
1 cucharadita pimienta negra molida
   gruesa
1/2–1 cucharadita hojuelas de pimienta
   roja
4 pechugas de pollo sin piel ni huesos
   de 4 onzas

1. Caliente la parrilla. Ponga todos los ingredientes excepto el pollo en un recipiente plano de cristal y remuévalos juntos.

2. Haga cortes pequeños en las pechugas, más profundos en la parte más gruesa. Haga estos cortes largos con forma de diamantes.

3. Ponga el pollo a marinar por 10–15 minutos y asegúrese de que el adobo penetre en los cortes.

4. Póngalo en la parrilla y cocínelo de 8–10 minutos. Déle la vuelta una vez mientras se cocina.

SIRVE 4

James García, Condominios Seneca Terrace
Foto por Andre Watts

La ternera es una carne con poca grasa y una buena fuente de proteína. Se puede sustituir por carne blanca de pavo o pollo, pedazos de carne de res con poca grasa o salchichas de bajo contenido de grasa.

TERNERA CON PIMIENTOS Y ESPECIAS
Junta Comunitaria 11, Debbie R. Quiñones

3 pimientos verdes medianos, cortados en tiras
1 pimiento rojo mediano, cortado en tiras
3 cucharadas aceite de oliva
1 libra ternera deshuesada cortada en pedazos de 1/2 pulgada
1/2 taza harina
1/4 libra hongos, cortados
1 taza tomates enlatados, escurridos y partidos con un tenedor
1 diente ajo, aplastado
1/2 cucharadita albahaca seca
1/4 cucharadita orégano seco
1/4 cucharadita pimienta negra

1. En 2 cucharadas de aceite de oliva, sofría los pimientos en un sartén grande a fuego mediano hasta que se ablanden y aparezcan áreas oscuras. Saque los pimientos del sartén y póngalos a un lado.

2. Cubra los trozos de ternera con harina. En el mismo sartén, añada 1 cucharada de aceite de oliva y cocine la carne hasta que se dore.

3. Añada los hongos. Reduzca el fuego y cocine por unos 10 minutos. Ponga los pimientos sofritos en el sartén y revuelva con cuidado para mezclar todos los ingredientes.

4. Ponga la mezcla con la ternera en un molde para hornear. Añada los tomates, el ajo y los condimentos. Cúbrala y hornéela por 1 hora a 325° F.

SIRVE 3–4

Consejo del dietista: En lugar de fideos de huevo, sirva esta carne de res stroganoff con arroz pilaf, un plato del Medio Oriente con arroz salteado u otros granos, sazón y vegetales diversos.

CARNE DE RES STROGANOFF
Seattle Cafe

½ taza cebolla cortada

½ libra carne de res, sin grasa y hueso, cortada en cubos de 1 pulgada

4 tazas fideos de huevos, sin yema, crudos

½ lata crema de hongo desgrasada (sin diluir)

1 cucharada harina multipropósito

½ cucharadita pimentón

½ taza crema agria desnatada

1. Sofría las cebollas en una sartén antiadherente sobre fuego medio hasta que se pongan traslúcidas, por unos 5 minutos. Añada la carne y continúe cocinando por otros 5 minutos o hasta que la carne esté blanda y oscura completamente. Déjela escurrir y póngala a un lado.

2. Llene ¾ de una cacerola grande con agua y póngala a hervir. Añada los fideos y cocínelos siguiendo las indicaciones del paquete. Escurra la pasta totalmente.

3. En una cacerola, ponga juntos la crema, ½ taza agua y la harina sobre un fuego medio y revuelva hasta que la salsa se espese, unos 5 minutos.

4. Añada la mezcla de crema y el pimentón a la carne en el sartén y sobre un fuego medio, revuelva la mezcla hasta que se caliente toda. Sáquela del fuego y añada la crema agria. Revuélvala hasta que se integre completamente.

5. Divida la pasta en 4 platos. Ponga la mezcla de carne en la parte superior y sírvala de inmediato.

SIRVE 4

PREPARACIÓN DE LA COCINA
con Kysha Harris de SCHOP!

Primer paso, inventario de cocina.

Despensa
- Saque todo de la despensa: especias, latas, aceites, condimentos, comestibles.
- Anote lo que tiene.
- Deshágase de los productos vencidos.
- Organice los productos a su gusto, haga espacio para compras nuevas.
- Haga una lista de todo lo que falta en la despensa.

Refrigerador / Congelador
- Empiece con el congelador, saque lo que haya adentro y póngalo en el fregadero.
- Tome nota de lo que tiene.
- Deshágase de productos viejos.
- Repita las instrucciones con el refrigerador, preste atención a los condimentos.

Utensilios
- Saque todos los recipientes y utensilios—también papeles de aluminio, de plástico, y todos los envases para guardar comida.
- Anote todo.
- Deshágase de productos rotos, ollas y cazuelas antiadherentes, utensilios de plástico que no sean resistentes al calor, aparatos que no funcionen, etc.
- Ponga todo lo que quede donde le convenga para que pueda moverse bien en su cocina.

Consiga lo básico.

Mantenga estos ingredientes básicos y utensilios de cocina a mano, así estará listo para hacer la mayoría de las recetas y platos.

Despensa
- Aceites: de oliva para el sabor, vegetal para freír y de alta temperatura para cocinar, y una selección de de aceites especiales: de maní, de ajonjolí, de girasol (deben mantenerse en el refrigerador).

Kysha Harris
Foto por Lara Alcántara

- Especias: sal Kosher, pimienta negra, hierbas secas (romero, tomillo, orégano, albahaca), ajo en polvo, comino.
- Alimentos enlatados: tomates, frijoles, atún, salmón.
- Otros productos: arroz, pasta, granos, vinagre, ajo, papas, cebolla.
- Papel de envolver de aluminio, de plástico. Bolsas de varios tamaños para guardar alimentos en el refrigerador/congelador.

Refrigerador
- Condimentos: ketchup, mayonesa mostaza, jalea y conservas.
- Productos lácteos y con fecha de vencimiento: leche, yogur, crema agria y huevos.

Congelador
- Vegetales congelados: espinaca, chicharos, brócoli, para usarlos cuando no tenga vegetales frescos.
- Carne: adobada, envuelta individualmente y con la fecha en una etiqueta.
- Rebanadas de pan: en la bolsa para congelar.
- Comida casera preparada: cocine una vez, coma dos. Duplicando o triplicando los ingredientes en este libro podrá tener comida para toda la semana: caldos, potajes, y sopas son ideales.

Instrumentos de cocina esenciales.

Cuchillo de chef. Necesita un cuchillo de chef de 6 a 10 pulgadas. Un bloque de cuchillos debe tener por lo menos un cuchillo de chef, un cuchillo de pelar, un afilador y un cuchillo serrado para el pan—y espacios para los cuchillos nuevos que compre.

Tabla de cortar. Mida su área de preparación y consiga la tabla de cortar más grande para esta área, de madera o de plástico. Consiga esteras flexibles y baratas, de plástico que se limpien fácilmente y que sirvan para pasar productos cortados a ollas o platos hondos.

Cacharros de cocina. Si compra utensilios de calidad ahora, los va a tener para toda la vida. Compre un juego básico y compleméntelo según sea necesario. Incluya por lo menos una sartén antiadherente. Necesitará una bandeja o fuente para hornear y un molde rectangular para el horno.

Otros utensilios básicos. Por lo menos una cuchara de madera de 12 pulgadas, un batidor, una espátula, una espátula de silicona (para mezclar), un juego de 3 cazuelas para mezclar, un abrelatas, un abrebotellas (destapador), tazas graduadas, cucharas de medir, un pelador de vegetales, un rallador, un exprimidor manual, un aplastador de papas y unas tenazas.

Kysha Harris es dueña y operadora de SCHOP!, un servicio personal de cocina (www.ischop.com). Kysha también escribe una columna semanal sobre alimentos para Amsterdam News.

POSTRES

VEGETARIANO

LIMBEL DEL CARIBE
Junta Comunitaria 11, Debbie R. Quiñones

1 taza de agua
½ taza de extracto de tamarindo
1 taza de leche condensada Magnolia
    (baja grasa)
1 cucharadita de extracto de vainilla
½ cucharadita de canela molida

1. Ponga todos los ingredientes en una batidora y mézclelos.

2. Vierta la mezcla en una bandejita para hacer cubitos de hielo. Póngala en el congelador.

3. Sírvalos cuando se congelen.

Use otros sabores tropicales como guanábana, piña, coco o cree a partir de su imaginación.

SIRVE 8–12

Debbie R. Quiñones, vice presidenta, Junta Comunitaria 11, y su madre, Olga Quiñones
Foto por Ryan Thacher

Las manzanas Roma y las peras Bosc también sirven para hacer un postre horneado delicioso. Adicione un poco de helado de vainilla o de soya para cubrir este dulce.

MANZANAS RELLENAS HORNEADAS
Savoy Bakery

6 manzanas Gala
3 rebanadas pan integral blanco, tostado
4 cucharadas nueces, almendras, avellanas y semillas de calabaza si se desea
4 cucharadas pasas
1 cucharadita canela
1/2 cucharadita nuez moscada
3 cucharadas mantequilla derretida
2 cucharadas azúcar morena fina
2 cucharadas Amaretto o Bourbon (opcional)

1. Lave las manzanas y quíteles el corazón. Deje la parte superior e inferior intactas para que contengan el relleno.

2. Ponga en un procesador de alimentos: el pan, las nueces, las semillas, las pasas, 1/2 cucharadita canela, la nuez moscada, 2 cucharadas mantequilla, 1 cucharada azúcar y el licor. Córtelo todo.

3. Rellene las manzanas con la mezcla.

4. Cubra las manzanas con la mantequilla sobrante.

5. Esparza el azúcar y la canela encima.

6. Ponga las manzanas en una bandeja para hornear y cúbralas con papel aluminio.

7. Póngalas en el horno a 375° F por 35 minutos.

8. Después de 35 minutos, quite el papel aluminio y sígalo horneando a 350° F por 15–20 minutos hasta que las manzanas estén blandas.

9. Sírvalas caliente con helado de vainilla.

SIRVE 6

Foto por Ryan Thatcher

PAN DE JENGIBRE CON SALSA DE ALBARICOQUE

Escuela Secundaria 45 John S. Roberts Club Medioambiental

1 ¹⁄3 tazas de harina natural multi propósito
1 taza harina de trigo integral
¹⁄4 taza azúcar blanca o morena orgánica
1 taza melaza
³⁄4 taza agua caliente
¹⁄2 taza mantequilla Smart Balance Regular u Organic Spread
1 huevo
1 cucharadita de soda de hornear
1 cucharadita de jengibre molido
1 cucharadita de canela molida
³⁄4 cucharadita de sal

1. Caliente el horno a 325° F, ponga grasa y harina en una bandeja de 9 pulgadas cuadradas y 2 pulgadas de alto.

2. Bata todos los ingredientes en un recipiente grande a baja velocidad por 30 segundos. Bátalos a velocidad media siguiendo el mismo proceso por 3 minutos. Viértalo en una olla.

3. Hornéelo por 50 minutos, o hasta que un palillo de dientes que inserte en el centro salga limpio. Corte el jengibre en cuadritos cuando esté caliente. Sírvalo con la salsa de albaricoque y una cucharada de yogurt natural sin grasa, dulce congelado de soya o nata sin grasa.

RINDE 16 CUADRADOS DE PAN DE JENGIBRE

Salsa de albaricoque
1 limón
1 taza jalea albaricoque sin azúcar

1. Ralle la cáscara amarilla del limón y luego exprima el limón.

2. Mezcle la taza de albaricoque, 1 cucharada de ralladura de cáscara de limón y 2 cucharadas de zumo de limón.

Lynn Tiede, profesora, y el Club Medioambiental, Escuela Secundaria 45
Foto por Ryan Thachter

GALLETAS DE ALMENDRA
Rao's Restaurant

2 ¹/₂ tazas tamizadas harina multi
   propósito
1 cucharada polvo de hornear
¹/₂ cucharadita sal
¹/₄ cucharadita macís molido
4 cucharadas mantequilla sin sal, a
   temperatura ambiente
³/₄ taza azúcar
¹/₂ cucharadita cáscara de limón recién
   rallada
1 cucharadita de extracto puro de vainilla
¹/₂ cucharadita de extracto de almendra
2 huevos grandes
1 taza de almendras sin cáscaras, picadas
   y tostadas

1. Caliente el horno a 375° F.

2. Cubra bandeja de hornear grande
   con papel pergamino o aluminio.
   Póngalo a un lado.

3. En cacerola mediana, cribe harina,
   polvo de hornear, sal y macís.
   Póngala a un lado.

4. Con una mezcladora eléctrica, bata la
   mantequilla hasta que esté ligera y
   cremosa. Añada azúcar y basta hasta
   que se ponga espumosa. Adicione la
   ralladura de limón, la vainilla y el
   extracto de almendras. Añada los
   huevos, de uno en uno, revolviendo
   para que se integren.

5. Revuelva la mezcla de harina y las
   almendras hasta que se integren bien.
   Si es necesario, amásela para que la
   pasta se suavice.

6. Divida la masa en dos y moldee cada
   mitad como una tira de 12 pulgadas
   de largo y 2 ¹/₂ pulgadas de ancho.
   Coloque las tiras en la bandeja
   preparada, separadas a 4 pulgadas.

7. Cocínelas en el horno calentado por
   18 minutos o hasta que se pongan
   ligeramente doradas, no quemadas.
   Sáquelas del horno y déjelas enfriar
   en la parrilla.

8. Disminuya la temperatura del horno a
   300° F.

9. Coloque las tiras enfriadas en una
   superficie de corte plana y, con un
   cuchillo aserrado, córtelas en ruedas
   de ¹/₂ pulgada. Ponga las ruedas en
   la bandeja.

10. Ponga las galletas en el horno y
    cocínelas 10 minutos. Voltéelas y
    cocínelas otros 10 minutos. Apague el
    horno, abra la puerta. Deje que las
    galletas se enfríen en el horno.

11. Bien cubiertas se conservan hasta
    por 3 semanas.

**RINDE UNAS 3 DOCENAS DE
GALLETAS**

Frank Pellegrino, dueño, Rao's Restaurant
Foto por Ryan Thachter

La avena de cocción rápida es más suave que cualquier otro tipo de avena, como la integral o las hojuelas, que se pueden cocer en el horno y cocinar. Añada avena de cocción rápida a los panqués, panecillos y pasteles o como aglutinante en albóndigas o bolas de carne, en lugar de mendrugos de pan.

GALLETAS DE PLÁTANO Y COCO
Capri Bakery, Inc.

2/3 taza azúcar morena oscura
1/2 taza plátano aplastado
1 taza yogurt natural de bajo contenido de grasa
1 cucharadita sabor de ron
3/4 taza harina regular multi propósito
1 taza avena de cocción rápida
1/2 taza coco rallado con azúcar
1/2 taza pasas doradas
1/2 taza nueces, picadas finamente
1 cucharadita polvo de hornear
1/8 cucharadita nuez en polvo
1/4 cucharadita canela en polvo
pizca jengibre en polvo

1. Caliente el horno a 350° F.

2. Ponga los primeros 4 ingredientes en un recipiente grande y mézclelos con una batidora a velocidad media hasta que no haya grumos.

3. Llene una taza de harina a cucharadas, y nivélela con un cuchillo.

4. Combine la harina y los demás ingredientes, mezclándolos con un batidor manual.

5. Añada la mezcla de harina a la mezcla de plátano.

6. Sirva 2 cucharadas de masa en una bandeja para hornear cubierta con papel pergamino.

7. Hornee a 350° F por 20 minutos o hasta que los bordes de las galletas se doren un poco.

8. Sáquelas del horno y déjelas enfriarse completamente.

RINDE UNAS 20 GALLETAS

Los contribuyentes de recetas para *Viva Verde*
Foto por Lara Alcántara

¡Salud!

MAPA DE LOS CONTRIBUYENTES DE RECETAS

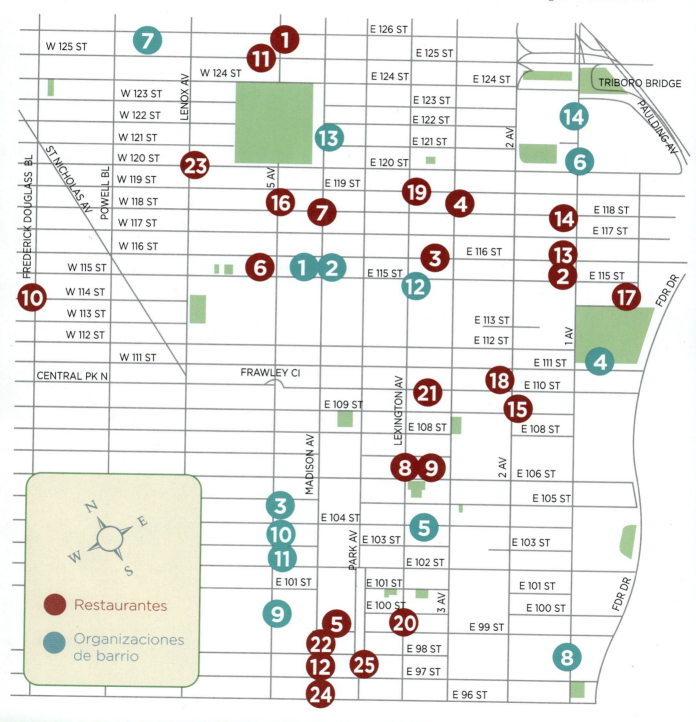

Restaurantes y Mercados Campesinos

1. **BOMA COFFEE & TEA CO.**
Chef: George Van Goodman
2037 Fifth Avenue
Nueva York, NY 10035
212.427.8668
www.nubianheritage.com

2. **CAMARADAS EL BARRIO**
Dueños: Orlando Plaza y Raul Rivera
2241 First Avenue
Nueva York, NY 10029
212.348.2703
www.camaradaselbarrio.com

3. **CAPRI BAKERY, INC.**
Panadero Principal: Frank Testa
186 East 116th Street
Nueva York, NY 10029
212.410.1876

4. **CREOLE RESTAURANT & MUSIC SUPPER CLUB**
Kevin Walters, CEO
2167 Third Avenue
Nueva York, NY 10035
212.876.8838
www.creolenyc.com

5. **GREENMARKET, CONSEJO MEDIOAMBIENTAL DE NUEVA YORK**
Director: Michael Hurwitz
East 99th Street
   (Madison and Park Avenues)
Nueva York, NY 10029
212.788.7476
www.cenyc.org

6. **GINGER**
Chef: Wei Xiong Hu
1400 Fifth Avenue
Nueva York, NY 10026
212.423.1111
www.gingerexpress.com

7. **THE HARLEM TEA ROOM**
Dueña: Patrice Clayton
1793A Madison Avenue
Nueva York, NY 10035
212.348.3471
www.harlemtearoom.com

8. **MERCADO CAMPESINO HARVEST HOME**
Fundadora: Maritza Owens
East 106th Street
   (Lexington and Third Avenues)
Nueva York, NY 10029
212.828.3361
(abre sólo los Jueves)
www.harvesthomefm.org

9. **LA FONDA BORICUA**
Dueños: Roberto Ayala &
   Jorge Ayala
169 East 106th Street
Nueva York, NY 10029
212.410.7292
www.fondaboricua.com

10. **MELBA'S**
Dueña: Melba Wilson
300 West 114th Street
Nueva York, NY 10026
212.864.7777
www.melbasrestaurant.com

11. **MO-BAY UPTOWN RESTAURANT & BBQ**
Dueños: Sheron Barnes &
   Wenford Simpson
17 West 125th Street
Nueva York, NY 10027
212.876.9300
www.mobayrestaurant.com

12. **ONE FISH TWO FISH RESTAURANT**
Gerente General: Veronica O'Reilly
1399 Madison Avenue
Nueva York, NY 10029
212.369.5677
www.onefishtwofish.com

13. **ORBIT EAST HARLEM**
Dueña: Dee Hengstler
Chef: James Marshall
2257 First Avenue
Nueva York, NY 10029
212.348.7818
www.orbiteastharlem.com

14. **PATSY'S PIZZERIA**
Dueños: Frank Brija &
   Giovanni Brecevich
2287-91 First Avenue
Nueva York, NY 10035
212.534.9783
www.patsyspizzeriany.com

15. **PIATTO D'ORO RISTORANTE I**
Dueños: Amie Kyros-Pettrucci &
   Gilberto Pettrucci
349 East 109th Street
Nueva York, NY 10029
212.828.2929
www.restaurantpiattodoro.com

16. **PIATTO D'ORO RISTORANTE II**
One East 118th Street
Nueva York, NY 10035
212.722.7220

17. **RAO'S RESTAURANT**
Dueño: Frank Pellegrino
455 East 114th Street
Nueva York, NY 10029
212.722.6709
www.raos.com

18. **RICARDO'S STEAK HOUSE**
Dueños: Raphael Benavides &
   Eddie Mateus
2145 Second Avenue
Nueva York, NY 10029
212.289.5895
www.ricardosteakhouse.com

19. **SABOR BORINQUEÑO**
Dueño: Jose Galarza
158 East 119th Street
Nueva York, NY 10035
212.410.2805
chefjose2@msn.com

20. **THE SANDWICH SHOPPE**
Dueño: Nicholas "Bino" Rubino
1553 Lexington Avenue
Nueva York, NY 10029
212.860.4376
www.redrubinllc.com

21. **SAVOY BAKERY**
Vice Presidente: Brian Ghaw
170 East 110th Street
Nueva York, NY 10029
212.828.8896
www.savoybakery.com

22. **SEATTLE CAFE**
Gerente: Deepak Jacobi
1411 Madison Avenue
Nueva York, NY 10029
212.423.0446
www.seattlecafe.com

23. **SETTEPANI BAKERY**
Dueños: Leah Abraham &
   Antonio "Nino" Settepani
196 Lenox Avenue
Nueva York, NY 10026
917.492.4806
www.settepanibakery.com

24. **THREE GUYS RESTAURANT**
Dueño: Kostas Athanasiou
1381 Madison Avenue
Nueva York, NY 10029
212.348.3800

25. **(V) SANDWICH BAR**
Dueño: Aharon Moualem
1259 Park Avenue
Nueva York, NY 10029
212.360.7185
www.v-ny.com

No están en el mapa

FLASH INN
Dueños: Tony Merenda &
   Joe Merenda
107 Macombs Place
Nueva York, NY 10039
212.283.8605

ZOMA RESTAURANT
Dueño: Henock Kejela
2084 Frederick Douglass Boulevard
Nueva York, NY 10026
212.662.0620

Organizaciones de Vecindario

1. ASOCIACIÓN DE MANZANA DE CALLE 116
Directora Ejecutiva: Candy Vásquez
23 East 115th Street
Nueva York, NY 10029
212.860.4100
blockassociation@aol.com

2. JUNTA COMUNITARIA 11
Presidente: Robert Rodríguez
Gerente de Distrito: George Sarkissian
55 East 115th Street
Nueva York, NY 10029
212.831.8929
www.cb11m.org

3. EL MUSEO DEL BARRIO
Director: Julián Zugazagoitía
1230 Fifth Avenue
Nueva York, NY 10029
212.831.7272
www.elmuseo.org

4. MERCADO CAMPESINO HARVEST HOME
Fundadora: Maritza Owens
420 East 111th Street
Nueva York, NY 10029
212.828.3361
www.harvesthomefm.org

5. HOPE COMMUNITY INC.
Director Ejecutivo: Robin Lebaron
Subdirectora Ejecutiva Directora: Carmen Vásquez
174 East 104th Street
Nueva York, NY 10029
212.860.8821
www.hopeci.org

6. ESCULA SECONDARIA 45 JOHN S. ROBERTS CLUB MEDIOAMBIENTE
Profesora: Lynn Tiede
2351 First Avenue
Nueva York, NY 10035
212.860.5838

7. OFICINA DEL PRESIDENTE DEL CONDADO DE MANHATTAN
Oficina del Nordeste de Manhattan
Director: Shanifah Rieara
Subdirectora: Wendy García
163 West 125th Street, 5to piso
Nueva York, NY 10027
212.531.1609
www.mbpo.org

8. METROPOLITAN HOSPITAL CENTER
1901 Primera Avenida
Nueva York, NY 10029
212.423.6262

9. MT. SINAI HOSPITAL
Presidente: Dr. Burton Drayer
One Gustave Levy Place
1190 Fifth Avenue
Nueva York, NY 10029
212.241.6500
www.mtsinai.org

10. MUSEO DE LA CIUDAD DE NUEVA YORK
Presidenta: Susan Henshaw Jones
1220 Quinta Avenida
Nueva York, NY 10029
212.534.1673
www.mcny.org

11. ACADEMIA DE MEDICINA DE NUEVA YORK
Presidenta: Dra. Jo Ivey Bufford
1216 Quinta Avenida
Nueva York, NY 10029
212.822.7200
www.nyam.org

12. DEPARTMENTO DE SALUD E HIGIENE MENTAL DE NUEVA YORK
East & Central Harlem District Office
Director Ejecutivo: Comisionado Asistente Andrew Goodman
158 East 115th Street, Tecer piso
Nueva York, NY 10029
212.360.5980
www.nyc.gov/health

13. NORTH GENERAL HOSPITAL
Presidente & CEO: Dr. Samuel Daniel
1879 Madison Avenue
Nueva York, NY 10035
212.423.4000
www.northgeneral.org

14. ASOCIACIÓN DE VECINOS Y PROPIETARIOS WAGNER
Presidenta: Katie Harris
2385 First Avenue, 4D
Nueva York, NY 10035
212.289.5658

No están en el mapa

THE CHILDREN'S AID SOCIETY
Manager Food & Nutrition Programas: Stefania Patinella
105 East 22nd Street
Nueva York, NY 10010
212.949.4800
www.childrensaidsociety.org

COLUMBIA CENTER FOR CHILDREN'S ENVIRONMENTAL HEALTH
Directora: Dr. Frederica Perera
100 Haven Avenue, Tower III
Suite 25F
Nueva York, NY 10032
212.304.7280